衡阳市社科联资助项目

现代法治文化构建研究

刘贻石　著

北京工业大学出版社

图书在版编目（CIP）数据

现代法治文化构建研究 / 刘贻石著．—北京：北京工业大学出版社，2018.12（2021.5 重印）
ISBN 978-7-5639-6696-7

Ⅰ．①现… Ⅱ．①刘… Ⅲ．①社会主义法制—建设—研究—中国 Ⅳ．① D920.0

中国版本图书馆 CIP 数据核字（2019）第 024468 号

现代法治文化构建研究

著　　者：刘贻石
责任编辑：张　贤
封面设计：点墨轩阁
出版发行：北京工业大学出版社
　　　　　（北京市朝阳区平乐园 100 号　邮编：100124）
　　　　　010-67391722（传真）　bgdcbs@sina.com
出 版 人：郝　勇
经销单位：全国各地新华书店
承印单位：三河市明华印务有限公司
开　　本：787 毫米 ×1092 毫米　1/16
印　　张：10.75
字　　数：210 千字
版　　次：2018 年 12 月第 1 版
印　　次：2021 年 5 月第 2 次印刷
标准书号：ISBN 978-7-5639-6696-7
定　　价：48.00 元

前　言

　　党的十九大报告提出建设社会主义法治文化。社会主义法治文化是由社会公众的法律意识和法律素养、群众性的普法宣传设施设备、关于法治宣传教育的制度规范等构成的，有利于法律实施的社会心理支持力量，属于文化的重要内涵。法治文化改变了传统文化中不重视法律在调整社会关系中作用的社会心理倾向，形成人人遵从法律的意识，创造出有利于法律实施的社会氛围。

　　法治文化实际是文化的一种。文化是一个很复杂的概念，它包含了很多因素，法治文化就是体现法治理念和法治精神、能够促进法治进步的一种文化现象。社会主义法治文化是我国特有的，其形成和发展主要有两方面：一方面是体现社会主义制度、社会主义道路及相应的文化现象等；另一方面是在法治领域能够体现社会主义法治的一种文化。在社会主义法治文化的建设过程中，我们做了相当大的努力。比如，很多单位很多地区设有法治广场、宪法大道等。这种有形的载体可以提醒人民群众法治的重要性、宪法至上性并营造出一种法治氛围。另外，组织青少年参观法庭、组织学生旁听案件审理，也是一种法治文化的熏陶。人们在这样一种氛围里受到长期熏陶，就会形成一种法治信念，就会自觉形成法律意识和法治观念，这就是法治文化的重要性。

　　本书首先研究了西方传统法治精神与价值追求，对西方法治的起源及法治文化的内容、理论形成基础以及中西方法治文化的差异进行了分析，并思考了西方传统法治精神与价值追求对我国法治文化建设的启示；其次研究了我国法治文化的演进过程；再次探讨了改革开放以来我国对法治文化发展所做的探索；最后阐述了我国新时代法治文化构建的主要内容，包括基本特征、内容结构、主要功能、制约因素、路径选择以及目标取向。

本书为衡阳市社科联资助项目，共九章约 21 万字，由湖南省衡阳市委党校刘贻石撰写。

由于作者条件、水平有限，书中难免存有疏忽与不足之处，敬请读者批评指正。

刘贻石

2018 年 11 月

目　录

第一章　西方传统法治精神与价值追求

第一节　西方法治起源及法治文化内容

一、西方法治起源

（一）古希腊法治思想雏形

同其他众多的西方文化现象相类似，法治文化同样起源于古希腊。在城邦政治的建立过程中，法治的思想也随着贵族与平民的不断斗争与妥协逐步形成。历史上的法治观念始于梭伦变法，而最先提出"法治"一词的是毕达哥拉斯，至亚里士多德时代已经理论化。这一时期的古代法治思想为日后西方近代资产阶级的法治理论奠定了基础。

在国家的治理形态上，古希腊诞生了两种主要理论：一种是柏拉图的哲学王统治，另一种是亚里士多德的法治论。柏拉图对于法治国的认识是一个渐进的过程，柏拉图生命里的大部分时间主张哲学王统治，他认为最好的统治应当是由哲学王来统治国家。这种想法的直接来源是他的老师苏格拉底，苏格拉底认为："进行统治的应是有知识的人。"由此，柏拉图认为既然国家是由人类组成，那么国家及其政治的优劣应当完全取决于人的品性，哲学王由于有着独一无二的才能，从而使得他统治的效果优于法律统治的效果，人民自然而然地就会服从于哲学王天才的主张，因此也就不需要法律来保障了。此外，柏拉图还看到了法律统治的局限性，由于法律天生带有很强的原则性，它必然从宏观调整事物，以至于它就无法适用于个别的特殊事例，由于法律还具有滞后性，他自然无法适应迅速变化的社会。因此他认为，在一个理想的国家当中，法律并不应当具有最高的权威，而应当给予通晓统治、德才兼备的人以最高权威，以哲学王来治理国家同法治国家相比具有很大的优越性。但是在柏拉图的晚年，他意识到自己的理想国很难实现，于是他退而求其次，在《法律篇》中提出了法治国的方案。他认为法律作为道德与智慧的结合，可以对人的生活加以引导，因为人心具有善恶两个对立面及发展方向，只有国家以法律的形式界定善与恶、是与非，人民才能通过遵循法律向善而达到理想的境地，进而使城邦达到理想的状态。因此，柏拉图宣称："如果一个国家的法律处于从属地位，没有权威，我敢说，这个国家一定要覆灭；然而，我们认为一个国家的法律如果在官吏之上，而这些官吏服从法律，这个国家就会获得诸神的保佑和赐福。"

（二）亚氏法治思想

在柏拉图之后，其学生亚里士多德继承并发展了柏拉图的法治思想，他在《政治学》中这样阐释法治："法治应包含两重含义：已成立的法律获得普遍的服从，而大家所服从的法律又应该本身是制定得良好的法律。"法治之所以优于人治，其原因有三：第一，法律恰恰是免除一切情欲影响的理智的体现，因此法治代表着理性，人治则往往夹杂统治者私人的情感。第二，法律作为众人的智慧，显然要比一人的智慧强得多。如同"物多者比较不易腐败，大洋水多则不朽，小池水少则易朽；多数群众也比少数人不易腐败"。第三，法治自身内容中带有很多优秀的价值，如公平、正义、自由等，在社会中实施法治时，这些价值自然会在民众中传播，使其成为社会价值的一部分。

在如何立良法方面，亚里士多德在总结希腊城邦的政治经验基础上，结合自身情况，认识到政治权力应当被限制以防止权力滥用。因为在亚里士多德时期的希腊城邦，在政治上经常陷入党争之中，而城邦的政治权力一旦归于某一公民团体，便自然而然地会用手上的政治权力或者立法来打击其他团体，维护自身利益集团的权力。这种阶级立法会使得各个阶级把争夺立法权视为本阶级的头等大事，各公民团体为了使自己的利益凌驾于其他公民的利益之上，便会大动干戈，产生无休止的内战，直到城邦的崩溃。因此，对立法权在程序和规范性上加以限制是必要的。通过明确法定责任，建立民主程序，将城邦的最高决定权交给公民大会便可以有效地防止权力被滥用。此外，亚里士多德还认为，所制定的法律应当反映的是大多数公民即中产阶级的利益，与此同时还要研究国家情况，包括国土大小、对外关系和财产的数量等方面，并以之为根据制定符合大多数人利益的法律。

在执法方面，亚里士多德指出："法治应当优于一人之治。遵循这种法治的主张，这里还需辨明，即便有时国政仍需依靠某些人的智虑，这总得限制这些人们只能在应用法律上运用其智慧。"也就是说，执政者必须严格按照法律规定执政和执行政策。当然，他也意识到现行法律有不完善的地方，即当法律没有明确规定或者对此事的规定不完备时，应当秉承原有法律的精神公正地处理。

最后，为了使"已成立的法律获得普遍的服从"，亚里士多德认为对公民的法治思想培育也是关键一环，他说："法律所以能见成效，全靠民众的服从。"民众的守法精神的养成，不能依赖于其自身，而需要国家付出巨大的努力进行培养，为此国家实施的所有举措就不能有违这一精神。同时，亚里士多德还意识到，具有深厚法治意识的广大优秀公民及其团体的存在，就可以对专制和权力滥用构成强大的制约力，公民教育的价值也再次充分体现。

（三）古希腊法治思想的局限性与意义

诚然，西方法治思想起源的过程中，已经具备了民主对公共权力进行限制等法治思想的雏形。但是，以希腊为例，与近代的民主、法治相比较，还是有着本质性的区别。

在古希腊的历史上，现代法治里的个人自由权利观并未真正诞生，公民个人仅仅是作为城邦的一部分和工具，必须要做到生为城邦，死亦为城邦，城邦的利益高于一切。以至于法国的库郎热曾说："我经常听人说到古代城邦的自由，但我看到，雅典的公民并不是自己财产的主人，当他抓阄时被指定要造一艘船，或者建立一支戏剧歌舞队时，他必须毫无保留地贡献出自己的财富。他不是自己身体的主人，因为三十三年间他必须服役于国家；他不是自己语言和感情的主人，因为任何人都可以随时审判他是不是合格的公民；他也不是自己意识的主人，他必须相信城邦的法定宗教。"也就是说，一个公民既不是自己财产的主人，也不是自己身体的主人，更不是自己意识的主人，就遑论现代意义上的法治了。

在"法治国"概念创始人亚里士多德的话语体系中，古希腊的法律，即"已成立的法"，并不是分析实证主义法学意义上的近现代国家法，而是习惯法，习惯法常常与道德之间的界限是含混不清的。虽然亚里士多德提出了要建设法治国并提出法律至上，在这一点上与我们当代法治精神是不谋而合的，但是，他的思想也有自身的局限性，亚里士多德认为国家需要最终达到道德上的善业，而法律只不过是使国家达到善的工具，因此，道德成了法治的目的和归宿。在《政治学》中，亚里士多德说："约定俗成的法规比成文的法规更具有权威，所涉及的事情也更加重要，所以人治也许会比依据成文法的统治更加可靠，但不会比依据习俗的不成文法可靠。"终其一世，希腊也没有形成完备的成文法律体系。

最后，在古希腊的法律面前，并不是人人平等的，因为法律中所包含的所有权利义务仅仅是针对具有公民权的成年男性公民，这样就排除了占城邦人口绝大多数的奴隶、妇女，还有外邦人。据统计，在雅典的伯里克利时代，具有公民权的人口仅占总人口数的六分之一。不过，正是这六分之一具有民主权利，在法律面前平等的公民，才使得雅典所代表的古希腊法具有了民主和法治的精神，在思想上为所有近代西方法治类型奠定了基础。

总体上来看，虽然西方法治思想的起源过程中由于历史等原因，有着其固有的局限性，与现代法治有着不小的差别，但是其中自然法的雏形及理性，法治、限权等法治思想的雏形却在西方的法治文化中得以确立，决定了西方法治思想及法治文化的基本走向。

二、西方法治文化内容探究

（一）自然法思想：法治文化的基石

1. 古代自然法思想萌芽

从斯多葛学派开始，自然法思想便作为一个明确的概念，斯多葛学派并以此为基础构建学说。斯多葛学派"自然"为中心概念的哲学，认为"自然"不仅是一切规律和秩序，也是一种人原始的理性。人类理性作为自然理性的衍生，能够使得人以理性的方式有秩序地生活在一起。因此，自然法作为人类和自然理性的衍生，应当属于理性法。符合理性的法律也就有了正义的基础。斯多葛学派认为法律的作用和目的是指引人们过上理性的生活。世界上有两种法律：一种是普通法，即自然法，它是宇宙体系中的普遍理性，是社会制度中的普遍规律。另一种是成文法，即自然法蕴含的普遍规律的具体体现，它促使人们追求人民的幸福。斯多葛学派只承认道德与法律是统一的，这是首次将人类社会与自然法相结合，从而使得自然法获得了具体实在化。也就是说自然法所具有的理性、正义，是处在最高价值位阶的，也是各种成文法制定的基础和标准。因此，国家机关制定的法律只有符合自然法及其内涵，才是正义的法律，否则就是非正义的法律，人民也无须遵守。

2. 中世纪神学自然法思想

在罗马后期及以后的中世纪，自然法理受神学影响越来越深。太初有道，上帝创世。在中世纪神学的璀璨光环下，"自然"褪去了往昔的亮丽色彩，不再意味着永恒至高的秩序。"自然"和"人为"都是上帝无生有的创造。

此后，通过以奥古斯丁为代表的神学者的努力之后，基督教神学的自然法理论被建立起来。上帝创造了自然，自然虽然被拉下了神坛，但并未被彻底打入地狱，而是作为上帝之神圣秩序的关键一环，依然蕴涵着自身之理性与目的。自然法是理性造物对永恒法局部而有瑕疵的参与，它是上帝神圣之光遗照在我们心灵的影痕，所以违反自然法就是冒犯上帝。它包括四条基本戒律：行善避恶、两性生殖、渴望认识上帝和过社群生活。人定法是世俗负责者为公共利益颁布的理智命令，它是自然法的具体化，必须与自然法相一致。但是如果国家法违背了永恒法、自然法和神法的法律，则是一种不公正的法律，不公正的法律不是真正的法律，人民也无须遵守。

3. 近代以来的自然法思想

到了近代，资本主义经济发展促使了资产阶级的壮大，为了推翻封建阶级的统治，古典自然法理论应运而生。古典自然法在诞生之初虽然脱胎于古代自然法，但是，二者也有很大的区别：古代自然法的角度是对"自然"标准的探讨，即在人定法基础之上假设有一个永恒的真理标准，即自然法用以作为制定法律的标准。古典自然法则是从人性的角度，以"人的自然状态"的假设为理论基础。因此，可以说，古代自然法理论是从国家和道德的角度出发构建自然法；但近代古典自然法理论是从个人的角度出发，倡导个人权利。古典自然法理论一方面为了推翻封建阶级的统治，对以封建所有制为经济基础的古代自然法及其衍生的法律制度进行了猛烈的抨击，指出了其违反人类本性及自然的不足；另一方面，它论证了资产阶级自身合法性，资本主义所有制的性质与自然法的相符合之处，即自然法中"自然"的标准并非上帝的意志或者是自然的理性这些虚无缥缈的东西，唯一的"自然"标准就是人，如格劳秀斯曾说："即使上帝不存在，自然法依然存在。"因此，自然法必须可以表达出人类社会发展的需要，如平等、自由等要素。

到了二十世纪，尤其是二战后的纽伦堡审判，使得自然法理论再次复兴，并且朝着融合的方向前进。例如，罗尔斯虽然从未宣称自己的理论完全属于自然法思想，但是，他把"社会正义"作为自己思想的基础，并且"社会正义"理论吸收了自然法中关于正义的理论，因此拓宽了自然法的发展路径。当代自然法学家如德沃金等人对自然法中自然的标准也有了新的认识，他们认为这个标准具有可变性，但必须注重法律与道德的一致性。即自然理性通过法律的方式具体表达，因此理性的自然准则虽然不属于法律，但法律是自然理性的表达，因此也要有自然理性准则融入其中。

在自然法的发展过程中，从古希腊创始起历经数次繁荣，又历经数次低谷。每一次自然法从低谷走向繁荣，都促进了人类的法律思想向正义和善的方向前进。从上述它的历史发展可以看出，自然法作为一种最早也是最持久的理论形态，它引导一代又一代的西方法学家在探索法律的价值、目的和客观运行规律时取得了巨大的进步，在每个历史阶段都促进了法学思想及西方法治文化的发展。自然法的价值作用，不仅在于它建立了一个全面而又较为完善的法治制度，更重要的是，它揭示了一个至高无上的正义精神，体现了人对权利、自由、秩序、平等的追求与渴望，也正是这些自然法追求的最终价值如自由、权利、正义，在历史发展的过程中成了西方法治文化的精髓。因此，可以说西方的法治文化的内容正是以自然法为理论基石发展而来的。

（二）理性精神：法治文化的出发点与落脚点

1.近代之前的法治理性精神沿革

纵观法治文化发展的历史，不难发现其每个阶段都或多或少包含着法治的理性因素。如前所述，古希腊作为法治思想的源头，许多思想家便以理性精神为出发点阐释法治，从而为西方近代法治思想奠定了基调。正如亚里士多德强调，国家应该实行法治，不允许一人之治，原因在于一个没有感情的统治者总比多愁善感的人更优秀，而法律正是绝对理性的。这种法治思想以理性精神为出发点这一特征，被斯多葛派的自然法理论和古罗马西塞罗等思想家继承和发展，西塞罗曾说："法律是最高的理性，从自然生出来的，指导应做的事，禁止不应做的事，并且这种理性，当在人类理智中稳定而充分发展了的时候，就是法律。"在以理性加强法律权威的同时，也演化出民主、平等、分权制衡等具体制度。

2.近代以来理性精神的爆发

近代以来是法治思想大爆发的时代，但无论学说流派多么复杂，理性思维依然自始至终存在着。古典自然法作为反封建的重要理论武器，其中正是理性精神的价值判断理论对自然法学说的法治思想乃至后来的资产阶级共和政体建立均发挥了主导作用。例如，从格劳秀斯称自然法为"正当理性之命令"，到霍布斯认为"自然法乃是理性所发现的箴言"，再到洛克明确宣称："理性即自然法"。众多古典自然法思想家都在理性的基础上阐述了自然法思想。此外，德国法哲学家古典法哲学也把理性精神作为自己理论的出发点和前提。例如，黑格尔认为，在历史上，除了国家与法律对自由的实现起到了关键作用，自由的实现还是以理性为出发点进而通过各种方式促进而成，自身理性的法律同时也可以促使人们按照理性的方式去生活，他说："法的基地一般来说是精神的东西，它的确定地位和出发点是理性，理性是自由的，所以自由就构成法的实体和规定性。至于法的体系实现了自由的王国"。马克斯韦伯在观察法的发展过程时也是从一个理性的角度来看的，他认为，人类法律的发展是遵循形式不理性、实质不理性、实质理性三个阶段，最终达到形式理性的路径。

从理性精神的历史发展可以看出，理性精神贯穿于西方法治思想发展的全过程。理性精神是理解法治的出发点，也是实现法治、构建法律制度、形成法治文化的落脚点。理性精神构建了西方人对法的价值观，在他们心目中，法律不仅是一套规范的制度，一种实用的治国之道，更是一套具有根本意义的社会价值体系，是人类社会生活的典范。更重要的是，理性主义在法治文化中的确立，使得法律在西方人中得以树立其自身的权威性，从而使得人崇尚法律，构建了对法律的信仰。因此可以说，理性精神是西方法治文化的出发点和落脚点。

（三）正义原则：法治文化的最高价值追求

1. 正义的内涵

在西方法治文化中，其终极目的是正义，主要体现在：一是从正义与权力的关系来看，国家权力来自人民，统治者的权力行使是人民的共同权力。国家作为最高的共同体，是以反映社会公众利益为目的和宗旨的善业，这种善业就是正义。对于权力的定位，是法治与专制的根本区别，因为西方法治将权力置于正义与人民之下，因此为民主的形成提供了土壤。二是从法律与正义的关系来看，法律由于具有普遍性和权威性，因此在国家实体中是居于至高无上的地位。但法律有良法与恶法之分，遵守良法即正义的法律，才是实现法治的关键法则。虽然正义的具体内容总是各自有各自的观点，同时其内容也是随着时代和社会的发展而不断变化，但正义作为宏观的大概念确实一直是西方法治文化的理想和追求的最高价值目标。

柏拉图将正义作为评判法律的标准，他说"不是根据全国的利益而只是根据部分人的利益而制定的法律不是真正的法律。"在古罗马时期，西塞罗认为正义应当具有使所有人获得其应有东西的可能，并且平等和承认他人要求也是正义的应有之义。霍布斯认为正义分为两个对象，对他人正义是人与人之间交往的美德，行为正义则代表着诺守契约。罗尔斯说"正义是社会制度的首要价值，正像真理是思想体系的首要价值一样"。在他的观点中，正义所指向的是国家的政治结构是否合理及经济分配与社会构成是否合理。而正义则为上述问题提供了一个标准。一个社会，当它不仅被设计得旨在推进它的成员的利益，而且也有效地受着一种公开的正义观管理时，它就是组织良好的社会。可见，正义被赋予了丰富的内涵。虽然正义的内容及其所指向的对象在不同人的观点中各有不同，但是正义价值作为法律及西方法治文化的最高价值追求确是公认的。

2. 正义的内容之一：自由

自由是正义的应有之义，无论正义内容如何变化，但自由始终在正义这一大概念中占据一席之地。在法律意义上，自由指人类能够按照自己的意志作为的权利，也是法治文化的价值取向之一，但自由必须通过法律保障实现的同时也必须由法律来设定边界。在罗马时期，斯多葛学派已经意识到，即使身体上是不自由的，但所有人的精神上都是自由的，因为人的最好部分是不会被奴役的。只有肉体才会服从且属于主人，而精神则是完全自主的。洛克在《政府论》中指出"法律按其真正的含义而论与其说是限制还不如说是指导一个自由而有智慧的人去实现他的正当利益"，"法律的目的不是为了废除或限制自由，而是保护和扩大自由。这是因为在一切能够接受法律支配的人类的状态中，哪里没有法律，哪里就没有自由。这是因为自由意味着不受他人的束缚和强暴，而哪里没有法律，哪里就不能有这种自由"。

3. 正义的内容之二：平等

平等则是正义的另一个重要内容。平等有着源远流长的思想历史，在古希腊时期的斯多葛学派，就开始倡导无差别的平等，平等观念不仅适用于所有公民，还适用于奴隶和妇女，这在当时的时代是独树一帜的，马可·奥勒留就从人性中的理性平等推导出了作为公民的平等。他在其《沉思录》中指出，人们都是有理性的动物，"如果是这样，那么，命令我们做什么或者不做什么的理性也将是共同的；如果是这样，那么法律也是共同的；如果是这样，那我们就都是公民"。到了近代，霍布斯说"自然法要求每一个人都应当承认他人与自己生而平等"。启蒙学者所倡导的平等、自由观念，在资产阶级革命后以法律的形式确立下来，成为资产阶级宪法的基本原则，从而使民众有了保护平等的武器。现代自然法学家德沃金指出，"理想的社会是致力于平等的社会，政府必须对治下的人民保持关怀和尊重，更为重要的是必须以平等的方式来关怀和尊重的人"。于是在西方的法治文化中，形成了一个从权力到法律再到正义的金字塔模式，越往上的位阶越高。法律的作用正在于限制权力以保障自由与平等，从而达到最终的正义。

（四）权利理论：法治文化的内容本位

随着社会的发展，权利概念逐渐丰富和发展，自罗马私法发展并产生了"所有权"的概念开始，权利就一直作为人们的理性追求，成为法治文化的主要内容和本位。西方社会权利理论的概念是自然法学家基于自然法与罗马私法权利概念提出的，通过中世纪的沉淀，在启蒙时期达到了爆发期。古典自然法理论的核心是自然权利理论。社会契约论把人定义为理性动物，人是自然状态下的孤独存在从而否认了"人天生是政治的动物"的假设。所以从国家产生的角度来说，虽然国家是必不可少的，但社会契约论通篇写满了对国家的不信任，在卢梭看来，个人的权利绝对是善的，是分清政府的好坏善恶的标尺，人民通过平等的权利达成契约组成国家，平等的契约，因为它对所有人都是共同的。这也是一个安全的契约，因为有公共权力和最高权力作为保障，只要人们遵守这样的契约，他们仅仅是服从自己的意志，而不服从任何人，最终达到对自身权利的保障。洛克认为，由于理性会被欲望遮蔽，个人理性会导致集体不合理，因此自然状态会出现混乱，从而侵犯自然权利将成为常态，所以所有理性的人会同意签订契约来建立国家。启蒙思想家给予财产权神圣不可侵犯的地位，认为财产权是人权和生命权的基础，甚至生命权可以被剥夺但财产权利不可侵犯。如洛克曾说："自然状态中自然法起支配作用，人人都必须遵守它。而理性即是自然法，教导着有理性的全人类：人生而是独立与平等的，任何人不得侵害他人的生命、健康、自由或财产。"总之，为了突破封建社会的束缚，在启蒙时期推动资本主义地位，思想家们赋予了个人权利以至高无上的绝对性。

十九世纪末出现的新自由主义，认为国家干预和个别市场的手段是合理的，这是基于批判权利至上的基础之上进行论证的，福利国家的政治理论在二战后长期占主导地位，尤其是罗尔斯的"正义论"对福利国家政策的政治做了系统总结示范，"每个都具有一种建立在正义基础上的不可侵犯性，这种不可侵犯性甚至是整个社会的福利都不能凌驾于其上的，得到正义保障的权利不受政治交易的支配，也不受制于社会利益的权衡"。同时，西方国家的政治、经济形势的一些问题，如美国越南战争的失败造成的社会混乱和高福利等现象表明，政府不是万能的，因此，国家的职能必须被弱化，此时诺齐克对个人权利至上做了系统的论证，他说："我们必须强调这一事实，个人互不相同，个人有权安排自己的生活而不受他人干预。"但无论是罗尔斯还是诺齐克的政治制度都是建立在个人权利的基础上的，这是西方政治科学接受的原则，"无论个人权利的概念面临着怎样的挑战，与试图建立不包含个人权利的政治合法性理论所面临的挑战和困难相比，都显得微不足道"。

通过对权利保护理论的发展过程的研究，可以看出，权利的确定和保护是所有法律思想家都无法避开的实质内容，也是自由和平等的具象化，是正义的具体内容。因此是法治文化的内容本位。

第二节　西方法治理论形成基础与解析

一、经济基础：由地理环境而形成的商品经济模式

正如上文所述，法治起源于古希腊，古希腊的疆域不局限于今天所谓的希腊半岛的地方，它不仅包括希腊半岛，还包括了当今土耳其的东部，巴尔干半岛的南部等地区，希腊人源自北方草原的印欧民族，经过迁徙来到此地，他们定居的地方被起伏的山脉和海水分割成许多小块平原和半岛，这些平原和半岛有的隔海水相望，有的各倚山势，两两相背。东海岸的海湾像锯齿一样，附近散布着不下 500 个小岛。这种地理环境决定了它不能像大河文明那样成规模进行耕作。中世纪，商品经济仍在地中海沿岸的欧洲城市中蓬勃发展，尤其是在意大利，出现了诸如威尼斯、热那亚、米兰等许多经济发达的城邦，而罗马法的复兴也正是因此在这些城市中率先开展。进入资本主义时代，商品经济不仅成为市场运作的基本方式，也成了西方法治的基础。

商品经济成为西方法治的基础，促进法治生成，主要体现在以下两个方面。

第一，受现代资本主义商品经济发展的影响，市场经济的发展使得人类的社会活动更加复杂。在市场交往的过程中自然会激发人们的平等与权利意识，而市场日新月异的变化和产生的新现象，使得旧法律与现实生活脱节，人们希望有新法律来保护自身在商品经济交往过程中的权利的呼声就越来越高，正是这种产自商品经济对法律的需求为法治的形成打下了基础。商品经济的实现需要商品交换，而商品交换的前提要求商品主人必须具有完整的所有权，因此需要对所有权的主体进行确认，通过对所有权主体的确认，使得

民众对自身的主体意识也有了全新的了解。商品经济发展的逐步深化需要人与人之间更多更大范围的互动交往，由于交往的频发，自然纠纷也就越来越多。为了解决这些纠纷，首先各行各业会出现相应的内部标准，内部标准随着时间的推移被广泛运用而扩大化，就会导致各方面普遍适用的规则——法律法规相继建立起来。由于世俗社会的各个方面都需要新的法律调控，逐步突破经济领域的法律规范，成为最广泛适用的规则渗透到生活的各个方面，因此为法治社会，进而为法治文化的形成奠定了基础。

第二，商品经济的发展也会改变政治的结构，通过商品经济，社会中的中间阶层已完成财富积累，为了维护已有的既得利益及所建立的市场秩序，避免行政权力和官僚的干涉，他们会团结起来形成市民社会，谋求政治地位并诉诸法律加以保护既得利益。"社会"与"国家"两大力量相互制衡使得市民社会内部的自治规则与国家法相结合。同时，各个不同的社团组织，为了与其他社团达到利益平衡，便会通过与其他社团协商、谈判的方式一起参与世俗生活的管理，使其自身社团的权力在协商谈判中得到有效制约，避免一家独大的情况产生，为法治的实现提供土壤。

二、政治基础：民主政治的传统

文明的早期阶段，不成文的、形式的习惯法是法律的主要形式，这样的形式与社会发展初期阶段是一致的，但随着社会的发展，人们逐渐感受到法律必须以成文化形式固定下来的必要性，作为古希腊文明缩影的雅典恰恰反映了法律不成文化的矛盾冲突。不成文的法律，鼓励司法不公和司法腐败，这是一个标准化的社会主体的损失，这是不仅不利于人民权利的保护，也不利于社会的全面发展。当时雅典的法律形式主要还是习惯法，习惯法是秘密地被援用的，氏族贵族常常随意按照自己的意志去理解和使用法律，庇护同族，迫害平民。不成文的习惯法不但使民众无法可守，无所适从，而且容易滋生司法腐败，这样的法律不利于人民权利保障，亦遑论社会发展了。对雅典来说，习惯法时代是一个比较艰难的时期，平民和贵族的矛盾，特别是因为土地的矛盾接连不断出现，广大的平民要求制定成文法，以限制贵族的擅权。法律作为理性与自由的行为准则，被遵守的前提就是被人所了解，而成文法是人民了解法律的前提，也是法律具有固定化权威的前提。正如耶林所说："世界上的一切法都是经过斗争得来的。"公元前 621 年古希腊第一部成文法典——《德拉古法典》出现了，虽然这部法典诞生于雅典平民的不懈斗争之上，但法典的内容与精神确实以严酷和偏袒贵族而闻名于世，平民由此并未因法律的成文化而受益。因此，之后雅典的平民与贵族之间的矛盾反而愈演愈烈，最终一方面使得贵族与小农之间剑拔弩张，另一方面，正如上文所述，在商品经济时期崛起的工商业主也开始谋求政治利益，他们对贵族垄断政治阶层的现状也极为不满，于是二者联合起来要求打破政权被垄断的现状。在城邦即将因为公民与贵族的对立而走向分裂的情形下，梭伦挺身而出并进行了一系列改革措施用以缓解二者之间的矛盾，并用法典的形式固定改革之成果，史称梭伦立法。该部法典规定，所有自由人在法庭上一律享有平等权利。全体公民都有参与国家管理的权利。梭伦改革不仅成功缓和了雅典的社会阶级矛盾，更使得雅典工商业快速发展。当然，梭伦改革背后的支持者依然是不懈与贵族斗争的平民和工商业主，正是因为他们对民主、自由的渴望迫使贵族不得不同他们分享权力。古希腊公民同贵族的斗争，不但改变了古希腊的历史，促使它朝着民主城邦的方向发展，还对西方法治及法治文化的形成产生了巨大影响。

诚然，古希腊时期的民主与现代法治意义上的民主区别很大，这是因为古希腊的民主权利正如上文所述，仅限于男性公民，妇女乃至奴隶都不是民主政治的主体。此后，经济的发展使得经济基础发生了变化，与之对应的上层建筑也在悄然发生变化，随着资本主义登上历史舞台，促使中间阶层在社会中的力量不断扩大，最终形成了可以与国家相制衡的市民社会。公民团体借此作为独立的力量争取自身的权利，并通过法律加以固定。这样就实现了对权力的制衡和权利的保障，从而最终实现法治。列宁说："民主意味着形式上承认公民一律平等，承认大家都有决定国家制度和管理国家的平等权利。"由于在权利上的平等，使得公民可以平等地向国家表达自身的利益诉求，对国家权力形成制约。法治将此种状态固定化、制度化，最终达到常态化，进而规范民主制度的运作方式，防止权力的任意扩张，保护人民权利。因此，政治民主能够孕育法治，是法治的政治基础，法治将确保民主能在符合初衷目的的轨道上运行。

三、文化基础：深入人心的宗教传统文化

美国法学家伯尔曼在《法律与宗教》一书中针对法律信仰有一句经典的描述，"法律必须被信仰，否则将形同虚设"。在西方法治文化的长期实践过程中，形成了一种对法律信仰的传统，而这种法治传统又与西方深厚的宗教传统文化密不可分。作为西方原始文明源头之一的希伯来人，将法律与宗教融为一体，《摩西五经》不只是上帝的诫命，也是人民在世俗生活中应当遵

守的准则。可以看出，法律起初与宗教同源，宗教所具有的仪式感与神圣性自然而然地也会出现在西方的法律上，由于西方法律在起源时便带有浓厚的神圣色彩，于是它便会强化自身的权威性，从而培育出民众对法律的信仰。在伯尔曼看来，法律与宗教是两个并不相同却又相互关联的社会经验维度，它们之间彼此是不同的，不能混为一谈，但法律与宗教却相互影响，相互渗透，甚至相辅相成。法律因其自身的目的会限制未来以维护社会结构的稳定，因而自身具有稳定性，宗教则会因其自身的神圣观念对所有现存的社会结构构成挑战；宗教受到法律的影响因而具有社会性，而宗教则会赋予法律以方向、目的上的指引，也会赋予法律自身因需要被尊重而所需的神圣性；从法律与宗教相互分离的角度来看，法律由于其自身的稳定性容易变为僵化的法条从而无法满足社会的需求，宗教产生的极端狂热亦不利于社会发展。从西方法治文化发展路径可以看出，法律信仰传统的形成起初是受浓厚的宗教色彩影响的，此后沿着宗教信仰逐渐跨度到法律信仰的方向前进。

　　西方信仰开始脱离宗教走向法律的第一步是完成"祛魅化"过程，并与宗教分离成为为社会而非教会服务的人法。此后，欧洲美国相继爆发资本主义革命之后，因社会发展和资产阶级统治的需要，从宗教分离的世俗法演化成国家法律，因此从法律自身的角度来看国家法显得更加纯粹，但是人们千百年来形成的宗教信仰并未消失，而是以一种融入的姿态迎合于法律之中。陈金钊曾说："在革命时代的欧洲，政治人心灵的归宿由上帝转向了法律，寻求'法治'成了当时先进的西方思想家解决'上帝'死后的社会问题的主要良方。那时，西方人常用的那种对宗教信仰的方法也被借来对待法律，在这种思想的驱动下'法律至上'等法治观念应运而生，法治世界观逐渐形成，西方人在抛弃上帝之后，又在法治思想中找到了心灵的归宿。"

　　从西方法治文化发展直至今日，法律试图与宗教传统相割裂并投入理性化，"祛魅化"的脚步仍然不曾停歇，但却终究未能彻底摆脱宗教文化对其自身在内容、价值等诸多方面的影响。例如以"恶"的人性假设为哲学基础的法治建设，是从基督教的"原罪"理论发展而来；"法律面前人人平等"这一基本原则，也是现代法治精髓，其直接来源便是马丁路德新教革命时倡导的"上帝面前人人平等"。同时，宗教主张救赎、爱与宽容，使得法律有了一抹超自然的神圣色彩，促进法律信仰的产生，引发公众对法律情感的认同，为法治基本要素之一即"法律至上"的形成提供信仰基础。

　　此外，法律制度的多样化和系统化也是西方法律具有神圣性的重要原因。在欧洲，世俗的法律制度和教会法，共同存在，相互影响有着四百多年的时间，随着十六、十七世纪的新教革命在各个国家如火如荼地展开，使得共存的管辖权上升成为国家化，但是管辖权并未丧失其自身的多元性，直到二十世纪后半期，许多西方国家的法律制度仍然是有多种可供选择的，管辖权也是可以共存的，正是由于法律选择的多样化和自由性在一定程度上表达了对正义的追求，法律便更能更好地保护公民的权益，自然而然公民就会信仰法律，从而对西方法治文化形成具有一定的影响。因此综上所述，宗教文化是西方法治文化的文化基础。

四、社会基础：市民社会的发展

　　针对西方法律文化传统以及法治之所以能够出现的原因，不同学者有不同的观点，如韦伯认为是"理性主义"的推动，昂格尔则认为是"多元利益集团"的妥协与"自然法观念"相结合从而形成法治。伯尔曼强调主要是由宗教上的"教皇革命"导致的。西方法治出现的原因，绝非简单一项即可概括，其中不仅有政治、经济、宗教等方面的因素，还有社会观念与结构的变化。运用历史考察与理性分析的方法，法治的确立、法治文化的形成，与市民社会的历史运动密不可分，可以说，市民社会的发展构成了西方法治文化的社会基础，使得西方法治实现从下而上的自然演进。

　　城市法作为推进西方法治进步的重大力量，其产生原因是，在中世纪的中后期，由于西方社会生产力的发展，商品经济进一步发展形成了资本主义的雏形，同时也造成了手工业与农业相分离，商品经济需要有流动性，因此从事商业和工业活动的人，便会到人流量大的地方去定居，而繁华的工商业也会吸引更多的人到此定居，最终形成一个新的城市。到了十一世纪，通过向封建领主赎买，或者武装独立等不同的方式，欧洲许多城市获得了或多或少的自治权。随着自治城市的出现，市民阶层开始形成，伴随着民主参与和自我管理制度开始建立，城市市民社会也得到成长，市民的权利也逐渐扩大。在这些自治城市中，商品经济的发展使得经济基础发生了变化，人民自身权利的承认以及社会中坚力量的扩大，原来为封建制度服务的法律制度显然不能再适用于这些自治城市，因此城市法顺势而生，同时城市自治地位的确立，市民自治政府的建立，以及市民作为工商业者的迫切需求和越来越强的法律意识，也从主观上推动了城市法的产生。

　　城市法渊源包括许多方面，不仅有来自上层的特许状、城市立法、行会章程等硬性规则，还包括城市习惯和判例等形式的规则，来自封建领主的特许状不但是自治城市的证明，也是城市法的主要渊源。特许状的得来是由自治市的市民通过与国王、贵族的斗争和协商而来，因此在诞生之初便具有了很多现代法治原则的雏形。第一是限权制衡的思想，城市法限制了封建领主的公共权力，并通过给予市民组织行会，市场管理等权力与封建领主的公共权力形成制衡。第二，由于城市自治，因此必须有一个经过城市法律批准的政府，政府也必须按照法律来执行公共权力。第三，在立法权方面，建立由民选产生的最高机关市议会作为立法权的行使主体，用以反映人民的普遍意志，此外，城市的政府首脑等官员必须经市议会选举产生。立法的具体内容进行了细化，用以应对新的社会问题。第四，作为基层自治组织的行会，由于是按照职业划分的，具有专业性，因此市议会仅仅制定大方向的行会章程，具体则有行会详细规定，但不得违反大会章程精神。第五，在司法制度上将法律进行部门化分类，法院判决的依据逐步从判例过渡到城市的成文法。

中世纪城市法所确立的理性、社团资格、权利平等、参与立法、客观的司法程序这些原则与观念，与近代西方法律形式化运动的一些结构性特征有着这样或那样的联系。由此可以看出，城市法的出现为日后西方法治及法治文化的发展提供了宝贵的思路与借鉴价值。公民自治权的形成，带给了其平等、自由等实质权利内容，加之商品经济的发展，最终在自治城市中得以形成以市民阶层为核心的市民社会，成为独立的政治力量来制衡封建统治者。随着公民在政治上越来越多地表达自己的诉求，正如上文所述，一系列影响近代国家制度的雏形就此产生。城市自治法的制定打破了教会及封建统治者对法律的垄断，由于自治法是全体公民共同意志的体现，正如同市场必须遵循自己所定的契约，自然公民便会自然遵守法律，有纠纷自发诉诸法律，培育了公民的契约精神与法律信仰，从而影响了日后近现代西方人的法治观。

综上所述，我们可以说，西方近现代法治通过城市法的发展及自治城市制度构建，乃至公民法治思维的培育，都为其生长提供了适宜的社会环境，并形成了近代理性形式主义法律的雏形。市民社会运动以自下而上的方式推动西方法治的变革。在资产阶级革命后，西方市民社会成为法治文化形成的社会基础，并不断完善和践行在城市法诞生之初的关于限权、立法等方面的设想，促使西方法治不断完善，最终推动着法治文化的发展。

第三节　西方法治文化特征

关于西方法治文化的特征，研究的学者众多。例如舒国滢在《作为文明过程的法治》一文中提道："究其根本，贯穿于西方法治历史的特征主要有三个方面，即对个人的权利与自治的保护；政府受到法律的限制（包括分权的制度设计）；法律的统治而非人的统治。"李德顺在《法治文化论纲》中则强调了民主和正义作为法治的核心理念。笔者通过与我国传统法文化特征进行比较，得出西方法治文化最鲜明的特征有如下三个方面。

一、法律至上观

由于在我国传统社会中，法律工具论完全顺应了封建专制的要求，因此法律工具在我国传统法律文化中占据统治地位。由"视法为器"的法律工具论所必然带有的法律一元论，使得无论是统治者还是统治者下层的执法者，都只关注于法的现实世界。韩非子认为"法者，宪令著于官府，刑罚必于民心，赏存乎慎法，而罚加乎奸令者也"。即法律作为帝王统治臣民的工具，只要有刑罚就够了。管仲直接将法律比作工具，称"法者，天下之程式，万事之仪表也"。"尺寸也，绳墨也，规矩也，衡石也，斗斛也，角量也，谓之法"。对我国古代传统法律文化造成最深远影响的儒家学说，也强调"为政在人"，"其人存则政举，其人亡则政息"，在我国古代社会的观念中，法律一直处在被忽视的边缘，影响极其深远。

与此相反，西方的法律至上观源远流长，可以追溯至古希腊时期。在古希腊时期，有不同社会集团之间的明争暗斗，因为他们希望社会利益得到调整与重新分配，所以他们有可能找到某种中间道路，以妥协的方式找到解决一些社会基本矛盾的方法，仿佛是订立一项社会契约，使大家共同遵守其条款，和平共处。维持这样的格局则需要一种各方都接受的解决办法或一个中立的权威，著名的梭伦立法就是以此为契机产生的。公元前594年梭伦以"德尔菲"的名义为雅典立法，并制定了具有民主性质的法律，他强调法律的权威，认为国家最需要的是法律制度，没有法律和发生内乱是最大的灾难，而法律和秩序则是城邦的最大幸福。

此后，法治思想的创始人亚里士多德就指出法治的两层含义，其中已成立的法律获得普遍的服从，表明法治优于一人之治，因此所有人都必须服从于法律。因为法律能使统治者不脱离正义准则，防止政体的倒退，达到防止专横和特权的目的，所以之后经过历史的发展，法律的权威性、神圣性业已成为西方法治文化的重要组成部分，把政府乃至一切国家机关置于法律之下，一切国家机关的行为都会被法律所规制制约，防止以权废法，在制度上保证法律至高无上的地位。

二、权利至上观

在长达近两千年的儒家精神的指导与影响下，我国传统法律文化形成了最鲜明的特点之一，即伦理化，进而使得我国古代法律走上了"德主刑辅"的道路。礼作为我国古代国命之所系起源于周公制礼，春秋战国时期，礼乐崩坏，以孔子为代表的儒家思想主张克己复礼，把礼作为治国的根本手段。刑与礼的真正具体结合则始于汉武帝时期董仲舒倡导罢黜百家、独尊儒术之后。瞿同祖在《中国法律与中国社会》一书中提到，"董仲舒以《春秋》决狱，是以儒家经义应用于法律的第一人。据传董仲舒告老致仕，朝廷每有政议，数遣廷尉张汤亲至陋巷，问其得失，而董则动以经对，作为道德的礼仪，起到了法律的协助作用"。礼法融合在唐朝以法典的形式固定了下来，从而结束了从汉武帝直至南北朝以来长达七百年的经义决狱的情况。自从唐朝以来，法律道德化，道德法律化成为我国古代法律的基本特征之一。黑格尔曾说："中国人的道德上的各种规律和自然法则一样，都是外部的实证命令，强制权利与强制义务，或则彼此之间的礼仪规则。道德是国家的事务，并且是由政府官吏与法官执行的。"法律道德化，道德法律化，决定了我国古代法律必定不是规范社会的最高准则，更遑论将政府等国家机关的行为置于法律之下，它只是封建道德伦理的附庸，由此形成我国古代以伦理本位为核心的传统法律文化便不足为奇了。

我国传统法律文化正如上文所述以伦理、义务为主要内容，与之相反，权利本位原则是西方法律文化内容的重要一环。随着市场经济占据经济基础的主导地位，资产阶级在革命的同时也将个体的自由与价值广泛地传播了开来。在资产阶级革命中发展起来的自由主义法学派，认为个人权利是公权力的唯一合法来源，启蒙时代是权利觉醒的时代，个人权利后面是平民的力量，因此权利是对抗教会和封建王权的锐利武器。自然权利产生于自然状态中，受自然法的约束。他们认为国家合法性来源于人民的同意。中世纪的政治强调集体道德，而16世纪以后个体道德兴起，强调的是个人的特性和权利。因此人民不是一个集体概念，而是由独特性的个体组成的概念，个人优先于集体，在启蒙时代个人成为逻辑的起点，权利优先权力，个人优先于国家。人权在所有权利中具有最高位阶，公权力代表的政府与国家不能侵犯个人利益，并以"人民主权"理论作为反对封建专制的文化武器，从此"人民主权"理论逐步成为西方法治文化中的重要内容。权利至上理论也成为西方法治文化鲜明的特征之一。

三、正义至上观

通过无讼这一手段以期达到社会秩序的稳定、人与人关系的和谐是我国传统法律文化中具有最高的价值位阶，也是我国传统法律文化所追求的最终目的。我国传统法律文化中的义务伦理本位促使社会的个人必须要承担更多的义务和社会责任，放弃个人利益而重视整体家族社会的利益，而我国古代社会的利益就是和谐稳定以维护专制统治，为了达到社会的和谐稳定，作为社会的个人必须要和谐相处而不能计较个人的权利。因此在这样的思想环境之下，诉讼作为争取个人利益的手段势必被排斥。

与上述不同，西方法治文化的最终目标则是正义，关于西方法治文化中正义原则的起源要追溯到古希腊时期，经过两千多年的发展演变，正义逐渐演变成为一种理念、一种信仰和一种价值追求。

柏拉图认为正义分为个人正义和城邦正义，城邦正义即有秩序，护国者、辅助者和劳动者三个阶层和谐而互不逾越，这样的城邦即"正义之国"即一个正义完善的城邦，一定是智慧的、勇敢的、节制的和正义的。自从柏拉图最先阐述和建立了系统的正义论后，其后诸多的思想家也纷纷证明正义的意蕴，其中亚里士多德对于正义理论的贡献尤为重要。亚里士多德明确指出："城邦以正义为原则。由正义衍生的礼法，可凭以判断人间的是非曲直，正义恰正是树立社会秩序的基础。"在他看来，正义是良法的一种，是法律的化身和生命。他通过探寻正义的性质、类别、关系、结构、功能而建构了系统的正义理论，使人们进一步认识了正义的实质和意义，认识了法的价值性和法治的价值根基。可见，在早期的西方法治文化中，正义理论便占有了极高的地位，成为了价值的根基。

此后，虽然随着社会的发展，正义的具体含义各不相同，如在资产阶级革命中的自然法学派，把自由、平等、博爱作为正义的首选价值。随着资产阶级的确立，西方法学派开始重视社会秩序，如功利主义者认为，人必须在互相交往中彼此促进利益。如果一个人行动的效用最有利于社会普遍的幸福，那么这个人就获得最高尚和最持久的快乐，实现了最大的正义，因而成为最有道德的人。休谟曾说："公共的效用是正义的唯一起源"，但是，不管社会如何发展，西方法治文化中对正义的追求则始终不变，这主要体现于：

第一，从正义与权力的关系来看，由于国家权力来自人民，因此统治者权力来源于人民共同权力。国家作为最高的共同体，是以反映社会公众利益的善业为目的，这种善业就是正义。权力如何定位是区别法治与专制最直接的方法，由于西方法治将权力置于正义与人民的统治之下，由此形成了民主土壤的萌芽。第二，从法律与正义的关系看，法律在国家实体中处于至高无上的地位。但法律有好坏之分。守良法即遵守正义的法律，才是达成法治的关键。由上述可以看出，西方法治理念实际上是形成了一种从权力到法律再到正义的金字塔模式，其权威性也是从下往上依次递增。按照这一模式，西方法治文化的终极目标是正义，故而奉行正义至上的法律观，具有正义至上的特征。

第四节 西方传统法治精神与价值追求对我国法治文化建设的启示

一、中国传统法治文化的基础

（一）经济基础

中国古代社会的经济基础的发展按照马克思主义基本原理可以划分成为两个阶段。第一阶段是奴隶制国家所有制经济，也就是马克思所称的"亚细亚式生产方式"。在此经济基础之上演变出"凌驾于所有这一切小的共同体之上的总和的统一体表现为更高的所有者或唯一的所有者"即在小共同体之上的专制君主出现，使得中国古代社会经济基础发展进入了第二阶段即自给自足的自然经济主导的封建经济。物质生产的社会关系以及建立在这种生产的基础上的生产领域，都是以人身依附为特征的。农民们虽然表面上拥有自己的土地，但他们作为农奴或佃户因为交税而被束缚于土地之上。

在中国漫长的历史发展进程中，"尚农除末"一直是世代中国劳动人民的最高信条，而任何游牧民族的"入主中原"都意味着被同化的开始。随着生产力的发展，中国的农业发展到以家庭为主要的生产单位，这种形式在中国漫长的封建社会中占了绝对主要的地位。粮食生产的目的不是为了交换，而是自己消费。这种稳定、内向、封闭的生产方式产生了一系列的后果和影响。即由于自给自足的自然经济占主导地位，因此封建地主能够形成一个完整自足的经济关系，使国与国之间的国际交往处于封闭状态。正如同毛泽东主席分析的："中国封建社会经济制度的特点是自给自足的自然经济占主要地位，封建的统治阶级拥有最大部分的土地，而农民则很少有土地或者完全没有土地。"因此，这样一个封闭、自给自足的经济基础与西方由开放的商品经济发展到市场经济的情况是截然相反的。

（二）政治基础

根据马克思主义的基本原理，经济基础决定上层建筑，西方由于开放的商品经济，中间阶层在社会发展中力量不断扩大，最终形成了可以与国家相制衡的市民社会，制衡就会产生出民主政治。

我国古代的经济具有极强的人身依附性。一家一户的土地私有制伴随着土地兼并的出现，社会的等级不再由宗法血缘所决定，而是由财富决定等级，官僚制度取代了世袭贵族制度，宗法贵族的集团统治也被君主集权整体取代等。在经济利益和政治利益的推动下，新地主阶层要求把国家利益为中心当作法律的基本精神。一切国家利益向上转移的所有行为渐渐会导致君主集权，最终使得皇权高于一切，皇帝的权威通过立法予以固定并实现，从而形成了中央集权、君主专制的政体。

从立法的角度看，中国传统法律是王权至上，法自君出。孔子在《论语·季氏》中就曾总结西周政治的典型特征是："礼乐征伐自天子出。"秦始皇建立中央集权的专制主义国家后，君主的意志更成为法律最基本的渊源。秦始皇公开宣布其"命为制""令为诏"，要求法由己出，并在社会实践中实现了"海内为郡县，法令由一统"的局面。无论封建前期的秦汉王朝，还是晚期的明清两代，封建的立法权始终集中于君主个人之手。不仅历代的基本法典一律需要由皇帝安排人员秉承其旨意来编修制定，并最后由皇帝出面以"钦定"之名义来颁布，在平常之日，君主因人因事随时发布的谬令、救谕，均是具有最高权力的法律形式。由此，最高权力的拥有者——皇帝的权力高于法律。在司法方面，中国传统法律的特点是行政司法合一。皇帝是最高的立法者，又是最高级别的审判官。这种以皇帝为立法和司法上最高权威的制度，成为中国法律传统为"人治"的最直接原因。

（三）社会基础

自汉代以来，大大小小的宗族在自然经济条件下不断成长起来，他们需要生存，因此需要封建王朝的巨大权威为自己的权威作背书。封建王朝为了巩固自己的统治基础，在基层上也需要宗族制度的支持。因此，形成了在自然经济基础上的专制主义、中央集权和宗法家族的结构紧密结合的历史潮流。儒法合流也是这一历史潮流的必然结果。从汉代至清代整个封建王朝的法律，不仅维护专制主义中央集权，还维护宗法等级制度。由于国家利益和宗法家族利益在本质上具有一致性，为了使得王朝的统治机器在乡村能够有效运转，皇帝将部分立法权和司法权赋予家族的家长，让他们发展家族法规用以协助朝廷的管理。因此为国家、家族服务的伦理本位成为我国古代法律文化的基本价值取向，所以，在法律观念上，认为人不是单一的个人，而是社会的一员，认为个人的发展要符合伦理和社会的要求，只要个人的发展突破宗法关系的限制就会被视为大逆不道。这样的封建法律体系确立了自上而下高度隶属的集权化状态，个人的政治、法律命运以家族命运为转移。西方则是在商品经济的基础上，以行业、社团等形式为纽带，组成了市民社会作为其社会基础，从而形成了其独特的法治文化。

（四）文化基础

西方法治文化的文化基础是宗教文化，因此，法律在其诞生之初便具有神圣性。我国法文化的文化基础则是礼法文化。在春秋战国时，儒家主张以血缘宗法关系为纽带的礼治，体现宗族之间的伦理关系，这种主张脱胎于小农社会；法家主张绝对的君主专制，法家的这种主张则是为了小农社会的上层建筑所考量。因此，儒家和法家在表面上主张不尽相同，甚至曾有过对立。但他们同样出自同一的社会背景和经济基础，所以，礼与法的融合是历史的必然。在封建社会，礼作为社会关系的调整者，是维系封建王权的支柱。法作为维护礼的武器，用以对抗社会矛盾。正如王亚南在《中国官僚政治研究》提到的："一般的社会秩序不是靠法来维持，而是靠宗法、靠纲常，靠下层对上层的绝对服从来维持。"

在这样的大环境下，法律相对于礼来说，礼治是法律的基础，也是法律的目标。从权威性上来看，法律没有统治者具有权威。因此法律沦为维系礼教的工具，也是维护王权的工具，君主可以任意对法律进行创设，解释，废止。《汉书》中说："三尺安出哉？前主所是著为律，后主所是疏为令；当时为是，何古之法乎！"

从儒法合流直至清末修律前，传统法律观念和法律秩序以君主专制和维系礼教为基础，但不论是君主专制还是礼教，必然将人分成三六九等，以等级特权区别对待。整个封建王朝的法律，从《秦律》到《大清律例》无一例外的都是以义务性、伦理性，而非权利、救济为导向。用严刑峻法就足以概括古代法律的整个内容。这样的法律绝不是国家为保护公民,构建法治社会所做,而仅仅是维持人治与礼教的工具。因此,在此文化基础之上所产生的法律工具论也就不足为奇了。

二、对西方法治文化的反思

中国自 20 世纪以来立法者和法学家主张的法治,法律制度和法律秩序,实际上都是西方的舶来品,是西方法治文化下的产物。我国要实现法治,建成法治社会,除了对国外先进立法的移植,更重要的是要了解背后的法治文化,使之与中国本土资源之间产生积极的作用,消除法律"水土不服"的现象。作为社会主义国家,完全可以将西方政治文化在如下几方面上为我所用。

第一,市场经济已是我国的既定国策与经济基础。市场经济的客观规律和根本特征决定了借鉴西方法治文化的必要性。市场经济在不同的社会制度下有一些不同点,但它的基本规律,如优胜劣汰规律、价值规律是相同的,其基本原则如诚信原则、公正原则也是相同的。这说明一个国家要构建自己的市场经济法律体系,除了必然要吸收和借鉴市场经济发达国家的立法经验,更需要对其背后的法治文化加强引进及借鉴从而使立法的目的得以更好地实现。

第二,西方法治制度的核心是三权分立,司法独立以及依法行政等方面。邓小平曾指出,由于我国的实际,不能搞三权分立,只能实行人民代表大会制度,同时,正如《联邦党人文集》所阐述的,近代资本主义的司法独立是建立在三权分立的基础之上的,它与分权制衡的理论密切联系。我国在依法行政,构建法治政府上做出了努力,例如近几年颁布了新的《行政许可法》《行政复议法》等行政法律,其目的便是建设法治政府,并在限制政府的权力,保障市场自由,实施政务公开,确立正当法律程序,简化行政手续等方面做出了切实的贡献。

第三,如上文所述,西方法治文化发展的基础还有其背后宗教的文化原因以及市民社会作为其社会基础。从这两点来说,依我国国情来看,不可以也不能按照其发展路径发展。但是,其中体现出诸如宗教文化演变而来的"法律至上"精神,法律信仰,法律的神圣性构建,以及城市法所带来的限权、立法和契约精神等,都是我国在构建具有特色法治文化过程中应当参考和借鉴的。

三、对我国传统法治文化的反思

任何一种文化，都有其产生、形成、发展的社会历史条件和地域的民族土壤，因而形成了各种不同的文化类型和模式。各类文化中所内含的价值观念存在着很大差异，这种价值观念很可能反映在由此而创制的各种不同的制度体系中。文化冲突是不同性质的文化之间的矛盾性的反映和表现。法律文化的冲突，也正是法律文化在发展变化过程中其存在矛盾性的反映和表现。制度上的东西从国家层面讲可以靠强力来推进。不同的文化固有其相互融合的一面，但文化的民族性和延续性使其对外来的异质文化有一种本能的排他性，从而使外来文化不可能毫无改变、完全地代替固有的本位文化。因此具有中国特色的现代化法治文化，必然是包含了我国传统的法律文化的积极因素，从而形成一个二元的法律文化现象。

在我国现代社会，伦理道德规范具有普遍的社会主义性质，不再像在旧社会里只具有个人属性，体现个人的意志和品质，只是人压迫人、人控制人的工具。这就为社会主义伦理道德一系列社会功能的发挥提供了广泛的可能性。当前，我们正处在体制转轨的社会转型期，市场经济所要求的各种法律尚未完善，法治的建设还严重滞后，社会上钻法律、政策的空子，违背社会公德，损人利己等现象时有发生。这就在客观上要求：一方面加快市场经济的立法建设，逐步建立健全社会主义法制，培养公民的法治意识。另一方面，要重视伦理道德的社会控制功能，重视培养人们的社会主义道德意识，使人们的法律意识与道德意识的价值取向趋于一致，收到最佳合力的效果。梁治平在《文化之法律观》中为我们如何对待我国传统文化尤其是法律文化指明了一个方向："最可悲叹的是，以往许多以弘扬民族文化自诩者，一味往中国的历史里面去发掘近代由西洋输入的诸般价值，其对于中国固有的文化，褒扬乎？贬抑乎？中国文化的真面目，是在它以自己独特的方式去回应人类普遍的问题，而以人类一部分之独一无二的经验，贡献于人类的全体。真实的历史，应当由这里去寻觅，中国文化的伟大卓绝处，也应当在这里去体会"。

综上所述，构建中国特色的现代化法治文化迫在眉睫。马克思说："人们自己创造自己的历史，但是他们并不是随心所欲地创造，并不是在他们自己选定的条件下创造，而是在直接碰到的、既定的、从过去承继下来的条件下创造。"因此，有中国特色的法治文化的生成不仅在制度层面上需要完善的法制，而且在其背后还需要一系列与之相应的政治、经济、社会、文化条件作为基础，缺少相应的机制或制度作为培育法治文化的土壤，法治文化就是无源之水、无本之木。因此，我们中国在引进西方法律模式时必然也必须保留和具有中国特色，中国的现代法治文化应当在马克思主义指导下，汲取中国传统文化和西方文化的精华，而不是在砸烂一切之后的文化沙漠上建一座乌托邦式的新文化殿堂。儒家文化是中国传统文化的主体，我们应当采取实事求是，一分为二的态度，抛开过多的"政治因素"和意识形态领域里的"矫枉过正"。重新对我国传统法律文化进行系统的科学的分析研究，批判地继承其中的精华，这才是对待我国传统法律文化的应有之义。

综上所述，笔者参考西方法治文化生成发展模式，结合我国具体国情及自身文化土壤，对当前我国法治建设提出如下建议。

四、构建当代中国特色现代法治文化的路径

（一）以市场经济为内驱力建设法治文化

法治文化在表面上是一个法律问题，但更深层次上更是一个市场经济发展是否成熟的问题。市场经济使得人思想摆脱束缚，摧毁旧的生产方式，促进生产力发展的同时也会为新的上层建筑提供基础。因此，法治文化作为上层建筑势必要建立在市场经济的物质基础之上，法治文化的发展必须要以市场经济为内驱力。

首先，通过参考西方法治文化的发展历程可以看出，市场经济作为法治文化生成的基本条件，与法治社会有着密切的联系，这是因为法治社会的形成、法治文化的确立是由生产力发展水平决定的。马克思通过考察人类社会的历史发展，提出了"三大社会形态"，即第一大社会形态是人依赖于人，因此相对应的是自然经济；第二大社会形态是人依赖于物，与之相对应的经济模式是市场经济。只有当第二大社会形态得到充分的发展，社会才会进入第三大形态，从而实现人全面发展，最终实现共产主义。若是人们生活在生产力极度不发达的情况下，生存的压力迫使人与人之间为了仅有的生产资料相互争夺，从而使得人类社会仅奉行丛林法则，在这种情况下个人连自身安全都无法得到保障，法治自然就无从谈起，法治文化的培育更是无稽之谈。因此，只有生产力得到极大发展，法治文化才能在此物质基础上加以培育。我国古代自给自足的自然经济是造成我国形成以人治为核心的传统法律文化的主要原因，从商品经济演化而来的市场经济则是西方法治文化的经济基础。况且市场不仅是目前所已知的最佳配置资源的方式，也是发展生产力最有效的方式。因此市场经济是培育我国法治文化的内驱力，并为之提供物质前提与保障。

其次，市场经济能够凸显规则意识，法治意识，乃至和谐意识。早在市场早期，就有思想家对市场经济与规则的内在联系做了深刻见解。例如亚当·斯密认为，经济和谐是社会和谐之本，要实现经济和谐，就必须要遵循一定的规则，这个时期主要体现于自然规则。遵循自然秩序就必须实行经济自由的原则，无须国家干预，一只"看不见的手"不仅调节着社会经济，它不仅使追求个人利益的各个人得以和平共处，也促使社会经济、政治生活和谐。他提出："被看作政治家或立法家的一门科学的政治经济学，提出两个不同的目标：第一，给人民提供充足的收入或生计；第二，给国家或社会提供充分的收入，使公务得以进行。总之，其目的在于富国裕民。"但是，市场经济也有其自身局限性，市场经济是鼓励竞争逐利的，竞争是市场经济运行的基本要素和市场运行的核心，市场竞争在提高资源使用效率的同时，也会使社会财富的分配更多地趋向于掌握资源的市场参与者，导致社会财富分配的两极分化。众所周知，社会财富的两极分化必定会引发整个市场体系的最终崩溃，甚至引起社会合作的瓦解。这样就凸显了市场经济对法治的需要。用法律规则消除财富的两极分化，从而达到市场经济自身的有序发展。

最后，由于我国尚且处在社会主义初级阶段，因此发展是一切问题的必由之路。正如前文所述，没有生产力水平的发展，没有物质基础，法治社会就是空中楼阁，法治文化也无从谈起，因此只有加快经济建设，把发展成果这一蛋糕越做越大，使得人们生活水平越来越高；由此基础之上再建设充满活力的法治社会，培育法治文化以及民众的法治思维才是水到渠成之事。由于历史的情况，我国的市场经济发展才历经改革开放四十年，是脱胎于计划经济。因此在社会生活中，尤其是人的思想上，特别容易预设计划经济的思维并用计划经济的手段和方式解决市场经济环境下的问题，使得市场经济的运行受到阻力。因而只有破除计划经济观念，完善市场经济体制机制，才能使市场经济发展壮大，为法治社会、和谐社会的建设提供物质基础，也为培育法治文化提供内驱力。

（二）以法治政府为先导推进法治文化建设

关于法治政府的定义，英国学者威廉·韦德则认为法治政府必须满足三个基本意义：第一，要求每个政府当局必须能够证实自己所做的事是具有法律授权的，法治政府几乎在一切场合这都意味着有限的授权；第二，对政府行为是否合法的争议，应当由完全独立于行政之外的法官裁决；第三，法律必须平等地对待政府与公民。在公丕祥先生看来，政府法治有五条标准，即政府守法、越权无效、行政救济、程序化、效益化。由于历史的情况，我国作为"后发外生型"现代化国家，面临现代化条件和基础缺乏等先天问题。同样的，我国法治文化构建作为现代化的一部分也面临此种问题。由于我国并不像西方通过历史发展，演化出了市场经济与强大的市民社会。正相反，我国市民社会还很弱小，这就决定了我国法治文化无法像西方自下而上地演化出，而必须运用国家政府的力量自上而下地推广。以法治政府建成为先导，去引导我国法治文化的建设就显得至关重要。

在以政府作为法治文化建设先导的同时，还需强调政府自身的法治建设。因为自公权力诞生之日起便是一把双刃剑。一方面公权力可以依靠自身强力构建起社会秩序并加以维护，但另一方面如果滥用公权力，就会造成行政权力凌驾于法律之上，以权压法，以权废法，如此，法律的权威性难以树立，法治社会就难以形成，法治文化也难以培育，即法治政府应当是有限政府，具体言之，政府的权力应当受到制约，有行使权力的边界，政府不能恣意妄为，不能凌驾于法律之上。以此树立法律在政府、在社会的权威，不仅有利于法治政府的形成，而且利于法治文化的生成。

最后，为了发展法治文化的内驱力即市场经济，法治政府也是与之相呼应的政府形式。市场经济由于其自身带有自主、平等、竞争等一系列特性，决定了它必须需要一个有序而又平等的市场体系以及市场主体，也就是说一切市场主体都必须被平等地对待。如果市场出现不平等的参与者，其交易价格机制、配置资源的能力就会大打折扣。由于我国特殊的国情，政府在很多方面就是特殊的市场主体之一，但政府还包括维护已有市场体系、制定市场规则的职能，若是不加以限制，政府必然在市场中既是运动员，也是裁判员，最终导致政府在市场经济中不断扩张，从而对根本的体制造成严重的威胁。因此市场经济需要一个既不缺位，也不越位，能够按照规则行使权力的政府。

随着市场经济的不断深入，必然也会要求作为上层建筑的法治政府的出现。因此，构建法治政府也是大势所趋。此外，正如上文所述，法治政府还是我国法治文化建设关键一环，是我国特色法治文化建设的推进器和领头羊，抓住了法治政府的建设，就等于抓住了我国特色法治文化的牛鼻子。

（三）以社会主义核心价值观作为法治文化的灵魂

文化是人类发展出的一种特有的现象，法则是这种现象的具体表现之一。关于文化的定义，梁漱溟在《中国文化要义》中提到："文化，就是吾人生活所依靠之一切。如吾人生活，必依靠于农工生产；又如吾人生活，比依靠于社会治安，必依靠于社会之有条理有秩序而后可；又如吾人生来一无所能，一切都靠后天学习而后能之。于是一切教育设施，遂不可少。那当然，若文字，图书，学术，学校，及其相类相关之事，更是文化了。文化之本义，应在经济，政治，乃至一切无所不包。"即人类所发展出的几乎所有的物质、制度、精神思想等都是文化的范畴。法是文化的组成部分之一，而法治则是社会文化进步的结果之一。因此法治文化必须根植于整个社会大文化的土壤之上。权利意识、人权意识、法治意识、正义观、价值观等等不仅仅是法治文化的内容，更是社会文化的内容。而其中的具体内容，如正义、权利等也会随着社会文化的发展而不断变化。可以说社会文化决定了法治文化。民众有什么样的法治意识、观念、原则就会形成什么样的法治文化。因此如果一个社会的文化能够具有和谐正义、自由平等的内容，那么它必定是我国特色的法治文化生成最优良的土壤，最有力的支撑。

法治文化能否真正深入人心而不仅仅停留在口号层面上，取决于其自身与社会文化的契合程度。如果契合程度越大，人们便会发自内心地认同它，遵守它，维护它。若契合程度低，便会仅仅停留在口号层面上，在推广过程中便会被人漠视，乃至成为人们茶余饭后的笑谈，从而难以达到相应的社会效果和实现法治社会，建立真正的法治文化。由于当代我国各个方面都处在转型时期，很多方面表现为虽然物质、制度层面上去了，但是人的思想乃至社会的文化氛围却没有跟上物质、制度层面。因此我国现阶段存在着社会文化与现代化法治文化生成不相契合的状况。造成这种状况的原因不仅仅是由于观念。因此，在我国传统法律文化和现代法治文化两者中找到一个平衡点，去引领具有我国特色的社会主义现代法治文化，则显得特别重要。

党的十八大提出，倡导富强、民主、文明、和谐，倡导自由、平等、公正、法治，倡导爱国、敬业、诚信、友善，积极培育和践行社会主义核心价值观。富强、民主、文明、和谐是国家层面的价值目标，自由、平等、公正、法治是社会层面的价值取向，爱国、敬业、诚信、友善是公民个人层面的价值准则，这24个字是社会主义核心价值观的基本内容。社会主义核心价值观是社会主义核心价值体系的核心和本质，也是中国特色社会主义文化的灵魂。社会主义核心价值观反映了现阶段全国人民价值认同的"最大公约数"，体现了社会主义的本质要求和价值取向。"富强、民主、文明、和谐"是社会主义核心价值观在国家层面的价值目标，深刻表达了社会主义中国的国家意志，是社会主义现代化国家的典型特征。"自由、平等、公正、法治"是社会主义核心价值观在社会层面的价值取向，它既契合了中国特色社会主义的发展要求，反映了中国特色社会主义的基本属性，又是我们党矢志不渝、长期实践的核心价值理念。"爱国、敬业、诚信、友善"是社会主义核心价值观在公民个人层面的价值准则，是社会主义基本道德规范和社会主义先进文化的本质要求，是与人们日常生活紧密相连的基本价值规范。因此，社会主义核心价值观与社会主义本质之间具有内在统一性。解放生产力和发展生产力是实现社会主义核心价值目标的重要前提；消灭剥削、消除两极分化是实现社会主义核心价值目标的政治保障；实现共同富裕（包括物质富裕和精神富裕）是社会主义核心价值观的最终愿景目标。社会主义核心价值观彰显了社会主义的价值性，深化了对社会主义价值及本质的认识，为中国特色社会主义构建了价值之魂，为中国特色社会主义道路自信、理论自信、制度自信奠定了价值基础，提供了价值指引和价值规范，自然也为我国的法治文化建设提供价值指引与规范。

中共中央办公厅和国务院办公厅印发了《关于进一步把社会主义核心价值观融入法治建设的指导意见》，文件强调，社会主义核心价值观是社会主义法治建设的灵魂，把社会主义核心价值观融入法治建设，是坚持依法治国和以德治国相结合的必然要求，是加强社会主义核心价值观建设的重要途径。自然，社会主义核心价值观也是法治文化建设的灵魂。此外，以民主、自由、平等、公正、文明、和谐、法治为主要内容的社会主义核心价值观，全面涵盖了我国传统法律文化的精华也囊括了西方法治文化中的先进部分，因此以社会主义核心价值观引领法治文化的建设，既顾及到了我国传统法律文化的精髓和谐、文明的内容，也顾及到了西方法治文化的精髓，法治、民主、自由、平等等内容。因此社会主义核心价值观能够实现我国具有特色的法治文化与社会文化的高度契合，从而使法治文化得以推展。

社会主义核心价值观恰恰是这样的一个平衡点，从社会的核心价值观的角度来讲，由于社会的核心价值观是人们从实践中总结出的普遍价值理念，是处于同一社会的人们所达成的价值共识，因此社会的核心价值观最能够反映此社会时代的人们的心声和向往的文化。围绕社会的核心价值观构建法治文化，必能使得法治文化深入人心，使得人们发自内心地遵守与尊重。习近平指出："我们提出的社会主义核心价值观，把涉及国家、社会、公民的价值要求融为一体，既体现了社会主义本质要求，继承了中华优秀传统文化，也吸收了世界文明有益成果，体现了时代精神。"社会主义核心价值观，是我国人民通过长期的社会实践和在社会生活中形成的核心价值观念，是我国人民在当前时代大背景下所取得的价值共识。因此，结合了中西之所长、反映了人民的普遍价值观念的社会主义核心价值观，正是我国构建特色现代法治文化的灵魂，以社会主义核心价值观引领社会主义法治文化建设，法治文化才能深入人心，最终成为我国社会主义文化的组成部分。

综上所述，以社会主义核心价值观为灵魂引领法治文化，既能符合当前社会文化，使得法治文化深入人心，还能结合了中西之所长，使得法治文化能够体现中国特色，更加符合我国国情，更能保证我国法治文化的社会主义本质不会变。因此要以社会主义核心价值观为灵魂引领法治文化建设。

（四）构建民众法律信仰深化法治文化建设

从 1986 年"一五"普法到如今"七五"普法的开始，普法工作已经开展了 30 余年。这 30 余年的法治宣传教育，已经从单纯的法律普及、法制宣传逐步改变为向整个社会宣扬法律信仰和法律至上的理念，试图从社会文化深处去植入民众的法治思维。卢梭曾说，"一切之中最重要的一种"的法律，"既不是铭刻在大理石上，也不是铭刻在铜表上，而是铭刻在人们的内心里"。由此可以看出，法治文化建设，需要更为广泛的公众参与，而不仅仅是司法部门的职责，李德顺教授在法治文化论纲中提到，由于我国古代传统人治文化的影响，构建法治文化时会不由自主地以人治思想指导法治文化建设，其中具有代表性的就是将法治单纯地部门化，将法治仅仅看作是司法部门或司法系统的职责，将法治理念仅仅当作是司法系统应有的理念，有意无意地将立法、执法、知法、守法的各个环节机械分开，使法治无法作为一个完整的精神实质和文化体系而得到确立和发展。同时，法律信仰主体的扩大化，不仅将司法人员融入，也为广大群众树立法律信仰更是重新赋予法律以活力的重要途径。伯尔曼曾说："除非人们觉得，那是他们的法律，否则，他们就不会尊重法律，但是，只有在法律通过其仪式和传统，权威与普遍性触发并唤起他们对人性的全部内容的意识，对终极目的和神圣事物的意识的时候，人们才会产生这样的感觉。"也就是说，只有人们对法律形成了内心的确认和普遍的信仰，法律才会得到切实的遵守，法治文化体系才能得以建立。

此外，不仅要在形式上培育民众的法律信仰，更重要的是要在实体上树立法律的权威。人民发自内心的认同法律是法律具有权威性的关键。在民众心中树立法律信仰并不是要刻意转变其内心的信仰而建立新的法律信仰，恰恰相反，法律信仰应当根植于民众已有的信仰基础之上。这就要求我国社会主义法治文化所构建的法治信仰，还必须兼顾我国的传统道德，用道德去辅助法治信仰的建立。因为毕竟我国传统文化传承五千余年至今，忽视中国人心里的传统道德烙印去树立法治信仰也是不现实的。因此在司法实践中，法律的实施过程中，要在"相同案件相同判决"的基础上，实现法律效果与社会效果的相统一。需要注意的是，法律在实施过程中不能一味地因迎合民众，而丧失其自身的独立性。坚持法律作为司法过程中的唯一依据，不但有助于保证司法过程不被民意舆论所干涉，而且还有助于在民众中树立法律的权威性。

　　综上所述，先用体现公平正义的仪式与程序在外形式上培育民众的法律信仰，再从实质上将法律信仰与我国人内心深处道德观相融合，使得法律在每一个人的内心得到确认，最终才能为法治文化体系的建构提供广泛的民众基础，让人民群众参与法治文化的建设之中，与政府的推进形成良性互动。

第二章　中国法治文化的演进过程

社会主义法治文化是在批判、继承和借鉴我国传统法律文化的基础上形成和发展的，有着深远的历史渊源和深厚的文化背景，突出表现在经济基础、政治条件、社会结构、文化传统等方面。深刻认识和把握社会主义法治文化的历史渊源，对于加深对我国传统法律文化的认识和了解，把握社会主义法治文化的演进特点和发展规律，更好地结合社会主义法治实践推进法治中国建设，具有重要而深远的意义。

第一节　从自然经济到市场经济

法治文化的形成是建立在相应经济基础之上的，市场经济为法治文化的发展奠定坚实基础。在我国古代社会，自然经济根深蒂固，并一直主导经济发展进程。从自然经济到市场经济，我国历经了相当艰难而漫长的过程，这必然制约我国法律文化的演进，对社会主义法治文化的形成与发展产生深远影响。马克思主义强调，经济基础决定上层建筑，上层建筑反作用于经济基础。我国古代法律文化是自然经济的产物，自然经济的产生和发展决定我国古代法律文化的形成与发展，并熔铸了我国古代法律文化的本质与特色。我国之所以形成独具特色的古代法律文化，并且与外国特别是与西方法律文化存在重大差异，从根本上讲，是由以自然经济为基础的客观物质条件所决定的。

自然经济深刻影响我国古代法律文化的本质。作为自然经济产物的我国古代法律文化从根本上讲是为自然经济存在而存在，为自然经济发展而发展的，是为自然经济服务的。我国法律文化所确立的一系列精神、理念、原则、规则是自然经济的反映，是为适应自然经济的要求而创设的。有什么样的自然经济，就必然有什么样的法律文化与之相适应，自然经济从内在而不是从外在，从深层而不是从表层深刻影响和决定着我国古代法律文化的本质。我国古代统治阶级为了确保粮食来源和税收收入，大力推行自然经济，为保证自然经济稳步发展不受干扰和破坏，竭力从法律上确认并维护自然经济的一系列根本经济制度和具体经济规则。按照周朝的法律规定，周王拥有全国土地及其土地上的民众。《诗·小雅·北山》所谓的"溥天之下，莫非王土；率土之滨，莫非王臣"，就是对这一所有权的高度概括。周王享有支配土地与民众等财产的最高所有权，其主要表现在：一是周王有权将全国土地及其民众分封赏赐给诸侯贵族，称为分封赏赐权；二是周王有权削减或收回其分封赏赐的封地与民众，这称为夺爵削地权；三是周王有向接受封赐占有使用土地的诸侯贵族征收贡赋的权利，这称为赋征课权，对于受封赐的土地与民众，各级诸侯贵族只有占有、使用和收益的权利而无完全的所有权与处分权，不准私自买卖，仅能将一部分"土田"作为封地交给卿大夫使用。"田里不鬻"是不可违反的基本规则。西周的这种土地制度被称作"井田制"。公元前594年，鲁国颁布"初税亩"法令，规定公私土地一律计亩征税，承认了私田合法性，实际上废除了"井田制"。不少诸侯国先后颁发类似法令，加速以"井田制"为基本特征的奴隶制土地制度的瓦解，促进土地私有制度迅速发展。无论是奴隶制的"井田制"，还是封建土地私有制度，都是自然经济在不同历史发展时期的不同表现形式，为自然经济的发展创造环境与条件，而自然经济的发展则推动了相应法律的演进。自然经济的存在和发展有其客观性，这是统治阶级为维护政治统治和经济利益所做出的必然选择。统治阶级认为，只有自然经济，而不是其他形式的经济能够为实现其长久统治奠定坚实的物质基础。在古代社会，统治者之所以始终坚持并奉行以农为本、重农抑商的自然经济发展政策，除了对商品经济的歧视和偏见外，从根本上讲，是惧怕以独立、平等、自由为主要特征的商品经济冲击和威胁其政治统治和经济特权。统治阶级奉自然经济为圭臬，为坚持、维护和促进自然经济所颁行的法令与形成的法律文化，必然在精神、理念、规则等诸多方面与自然经济的思想、原则和要求保持一致，我国古代法律文化的本质必然与自然经济一脉相承，也必定是为维护统治阶级政治统治和经济利益服务的。我国奴隶社会和封建社会发展的历史，就是法律文化的本质由自然经济所决定并由自然经济引领的历史。

自然经济深刻影响我国古代法律文化的特征。我国古代独具特色的法律文化，与不少国家特别是西方国家相比，具有较为明显的民族性、历史性和地域性。我国古代之所以形成特色鲜明的法律文化，与我国古代长期实行和推崇自然经济密不可分。我国地势西高东低，相对比较封闭，与外界交流交往少，这种环境为自然经济的存在与发展形成了客观条件。黄河与长江中下游地区土地肥沃，气候温暖，适宜农作物耕种，有利于自然经济扩展和延续。自然经济突出的特点就是自给自足，家庭生产，家庭消费，不需要同外界交换产品，以致商品经济发展不起来。因为发展商品生产和商品交易所需要的是以平等、自由为主要特色，以确认产权关系和调整交易纠纷为使命任务，所以以民法为代表的法律长期需求很少，不被重视，也一直难以发展。民法不发达成为我国传统法律文化的一大特点。由于一家一户的自然经济生产方式，规模不足，生产能力有限，而且生产者生产出来的相当比例的产品要以地租、赋税等形式上交给统治阶级，剩余的产品有限，维持生产者及其家庭生活比较艰难，因此离开土地，不从事农业生产，脱离家庭及家庭所属的宗族社会，个人难以生存。正是在如此长期的具有自然经济特点的农业生产与家庭耕作中，形成了个人对家庭及家庭所属的宗族社会的严重依赖关系。而众多家庭及家庭所属的宗族社会又汇聚成封建国家。个人微弱的力量同强大的宗族社会和封建国家相比是微不足道的，个人适应和听从宗族社会和封建国家的安排和要求，就能生存；个人若同宗族社会和封建国家相抗衡，后果不堪想象。人的个性往往处于被压抑的状态，价值观念、行为方式、言谈举止都要符合宗族社会和封建国家设定的标准与框架，因而忍辱负重、委曲求全是被提倡的，依附性的活动关系又必然形成依附性的文化意识，群体本位伦理文化始终左右着观念的发展，社会需要的只是服从和"听命"，如此几乎完全泯灭了人的主体性和创造性，即人的自由本性。在这种环境条件下，重群体、轻个人，重义务、轻权利，重服从、轻自由，重等级、轻平等的传统法律文化特色就逐渐显现出来。在自然经济条件下，由于农耕生产方式要求耕者长期一贯地耕作，以及土地资源的昂贵和稀缺，古代中国人形成了安土重迁的传统。人们长期在某一地方定居，迁徙的很少，生活在一起，久而久之便形成了熟人社会，重乡情，爱面子，不愿轻易撕破脸皮，一旦乡亲、邻里之间出现纠纷，首先想到的不是找法而是找人，不是打官司而是请人说事，想方设法协商调解，将大事化小、小事化了，顾及的不是法律，而是关系和人情。虽然协商调解的方式有利于节约司法资源，避免矛盾激化，维系和谐关系，维护社会稳定，但是如果不顾条件，不分轻重，不问后果，一味强调协商调解，就有可能漠视法律，妨碍司法公正。因此轻诉、厌诉成为自然经济条件影响下我国古代法律文化的一大特色。

自然经济深刻影响我国古代法律文化的发展进程。我国古代法律文化从夏商周一直演进到明清时期，上下横亘几千年。之所以如此绵长，是由于自然经济绵延持续的结果。从最初时期看，中国奴隶制社会的法律文化，一般是指夏、商、西周及春秋时期的法律文化，当时虽已出现制定法，但以习惯法为基本形态，法律不公开、不成文。之所以呈现出如此特点，与自然经济尚处于初始阶段有关，自然经济还不发达，很大程度上制约了法律文化的发展。随着封建社会的到来与演进，自然经济无论从工具、技术、人才，还是从规模、经验、条件等方面讲，均获得了空前的拓展与延伸，有力地促进和推动了我国古代法律文化的发展。我国封建制的法律制度，一般指战国以后至鸦片战争以前我国各主要封建王朝的法律制度，这一时期是我国传统法律制度和法律文化形成、发展和成熟的重要时期。这一时期可以划分为以下四个发展阶段：第一，形成时期（战国、秦、汉）。战国时期自然经济在原有基础上不断向前发展，促进习惯法向成文法转变，各诸侯国纷纷在法家主持下实施变法，颁布成文法律，于是成文法在各诸侯国逐渐建立起来。战国初年魏国李悝在变法中制定的《法经》是代表性成果。秦汉时期是中国古代成文法法律体系全面形成的时期。秦始皇于公元前 221 年统一中国，建立我国历史上第一个中央集权的封建王朝。在法律上，秦朝奉行法家的"重刑"和"法治"等主张，并贯彻于秦朝的法律制度之中，使法家理论得到完整的实现。汉武帝"罢黜百家，独尊儒术"以后，法律指导思想为董仲舒改造后的儒家正统法律思想，汉律开始了全面儒家化的进程。第二，发展时期（三国、两晋、南北朝）。这一时期虽是大分裂、大动荡时期，但在儒家正统法律思想影响下的我国传统法制随着自然经济发展得到迅速发展。封建礼教被确认为立法和司法的基本原则，立法技术和法律伦理都获得长足发展。法律的儒家化也得到加强，诸如官当、八议、准五服以制罪、重罪十条等法律制度也在这一时期出现并发展。第三，成熟时期（隋、唐）。隋唐时期自然经济非常兴盛，不但是中国古代社会的鼎盛时期，也是中国封建法制的成熟阶段。以《唐律疏议》为代表的优秀法典的问世，代表了法律儒家化的最高成就。在这一时期，"礼法结合"基本完成，实现了"法律道德化，道德法律化"。我国古代的司法体制和诉讼体制在这一时期也发展到非常高的水平。《唐律疏议》成为中华法系的代表作，在中国法制史和世界法制史上都具有极其重要的地位。第四，强化时期（宋、元、明、清）。随着自然经济的发展，这一时期成为中国古代法制走向专制强化的时期，大一统的中央集权制不断得到加强。在立法上，基本法典以外的其他法律形式的地位和作用不断上升，如宋编敕、元条格和断例、明条例等，都具有较高的法律效力。在法律内容上，对危害国家统治和皇权的犯罪惩罚加重。刑制也更加残酷，出现了刺配、凌迟、充军等酷刑。为适应商品经济发展，民事及经济方面的立法加强，有关买卖、租赁、借贷、继承、典权及禁榷、赋税等方面的法律日趋完善。在司法上，会审制度得到较大发展。当西方经历文艺复兴，完成工业革命，以制约权力、保护权利为突出特征的法治文化日趋成熟的时候，我国古代传统法律文化还在僵化保守、故步自封中徘徊，这与自然经济有关，是我国自然经济持续过长的缘故。清末沈家本修法，标志着持续几千年的中华法系走向解体，其瓦解的根本原因与我国的经济形态开始转变有关，由于受商品经济等因素的影响和冲击，我国的自然经济在近代社会开始逐步解体，尽管这一过程相当漫长与艰难。

我国近代自然经济解体，在本质上指封建的农业和家庭手工业逐渐分离并日益商品化。"纺"与"织"分离、"织"与"耕"分离是近代中国自然经济开始瓦解的重大标志。甲午以后，我国的自然经济加快分解，这不只是因为进出口商品继续扩大的冲击，也有国内近代工业兴起并且日渐居于更重要地位的因素。我国自然经济解体有一个缓慢发展过程，在整个近代，自然经济依然存在，并在农村占统治地位，它对西方的经济渗透具有天然的抵抗力。鸦片战争后，随着外国资本主义入侵，我国经济结构发生剧变，出现了外国资本主义经济、洋务经济、民族资本主义经济、官僚资本主义经济、新民主主义经济、自然经济等多种经济并存的局面。新中国成立后，逐步经历了由新民主主义的多种经济成分并存，到三大改造建立单一的社会主义计划经济体制，再到改革开放建立社会主义市场经济体制的转变。由自然经济向市场经济过渡，深刻影响和制约我国传统法律文化向社会主义法治文化的转变。社会主义市场经济的建立和发展具有重大而深远的意义，有力推动社会主义法治文化的健全与完善。

社会主义市场经济是社会主义法治文化的产生基础。改革开放以来，社会主义法治文化随着社会主义市场经济的形成而形成。社会主义市场经济是社会主义法治文化产生的基础和前提，没有社会主义市场经济的出现，不可能诞生社会主义法治文化。我国的历史已经充分证明，保守僵化、安于现状的封建社会自然经济，是不可能孕育社会主义法治文化的，在割地赔款、积贫积弱的半殖民地半封建社会的经济基础上也不可能出现社会主义法治文化。只有在社会主义市场经济条件下，才会产生对社会主义法治文化的迫切需求，才能具备社会主义法治文化诞生的条件、氛围和环境。市场经济是以价值（货币）交换为中心的经济，人与人的关系通过交换过程中物与物的关系体现出来，从而形成了"以物的依赖性为基础的人的独立性"的社会形态。马克思坚决摒弃资产阶级把人的独立、自由、平等看成是天生的自然的本性，是天赋的人权之说，指出独立、平等和自由是历史的产物，具体地说是交换的产物。市场经济中的亿万次交换冲破了自然经济基础上形成的血缘关系、统治与服从的关系，权力至上、等级特权等失去了赖以存在的基础。社会主义法治文化是以独立、自由、平等精神为主要特征的文化，而社会主义市场经济是独立、自由、平等精神的天然促进者和客观推动者。在无数的商品交换中，交换的主体、客体、内容等都是交换双方意志自由的产物，交换时间、地点、数量、质量、价格、形式等是由交换者独立决定，而不是由任何外在力量强制的。马克思强调，在货币那里，一切差别都消失了。货币是天然的平等派，在货币面前人人平等。马克思还指出，平等和自由不仅在以交换价值为基础的交换中得到尊重，而且交换价值的交换是一切平等和自由的生产现实的基础。商品交易充满风险和挑战，为确保独立切实得以实现，自由切实得以体现，平等切实得以展现，人的尊严和意志切实得以维护，社会主义市场经济有序开展和稳步进行而不受人为的任意的干扰和破坏，迫切要求坚持依法治国、依法执政、依法行政共同推进，坚持法治国家、法治政府、法治社会一体建设，实现科学立法、严格执法、公正司法、全民守法，促进国家治理体系和治理能力现代化，培育和形成社会主义法治文化。

社会主义市场经济是社会主义法治文化的发展动力。社会主义法治文化不是一蹴而就的，而是要经历一个从不完善到完善、从不成熟到成熟的历史发展过程，而社会主义法治文化发展的动力源泉来自社会主义市场经济。随着社会主义市场经济的不断深入和发展，必然对社会主义法治文化提出新目标、新需求和新尺度，从而推动社会主义法治文化在更高层次上向前发展。在社会主义市场经济实践中，不断发现社会主义法治文化存在的问题、差距与不足，并深入思考和深刻剖析其中的原因，从而在立法上改善，在执法上加强，在司法上推进。社会主义市场经济实践还能够成为检验社会主义法治文化所确立的理念、原则与规则正确与否的标准，着眼社会主义市场经济发展的需要，被实践检验证明正确的理念、原则与规则予以坚持，而被实践检验证明错误的理念、原则与规则予以摒弃。比如，随着包括社会主义市场经济建设在内的社会主义建设实践深入发展，必然对社会主义法治文化发展过程中如何借鉴国外法治经验提出现实紧迫要求。在这个问题上关键看包括社会主义市场经济建设在内的社会主义建设实践需要什么样的法治经验并不断接受实践检验，以更好地改进提高。党的十八届四中全会强调，全面推进依法治国，必须借鉴国外法治的有益经验，但决不照搬外国法治理念和模式。借鉴国外法治有益经验是坚持和发展中国特色社会主义法治理论的必然要求，是实现国家治理体系和治理能力现代化的客观需要。人类社会发展历史证明，国外法治有益经验是人类的智慧结晶，对人类社会的发展与进步发挥着重要推动作用，所以加强社会主义法治建设应加大借鉴和吸收的力度。尽管如此也要充分认清国外法治理念和模式的阶级本质与理论局限，在中国特色社会主义建设实践中选择适合我国国情的国外法治精髓，努力将国外法治经验与我国实际情况有机结合起来，走中国特色社会主义法治发展道路，推进中国特色社会主义法治体系构建，建设社会主义法治国家。

第二节　从专制政治到民主政治

我国古代专制政治持续时间长、危害深，对各方面的社会生活都产生了深刻影响，尤其对传统法律文化的影响深重。在封建专制政治的影响下，我国古代法律将维护皇权统治及其独裁统治作为首要使命，无论是法律形式还是法律内容，都将皇帝及以皇帝为代表的统治集团的政治统治与经济特权放在突出而重要的位置加以强调和维护。《剑桥欧洲经济史》引用穆尼埃（Mousnier）教授的话，专制主义政体是"国王大权在握，不与任何人分享……专制君主凌驾于法律之上，即他单独拥有颁布和废除法律的权力，而且可以将不同的法律应用于特殊的集团或个人"。"专制君主并不允许他的臣民或他们中的任何集团有权参与政策的表述，来追求社会舆论的认同……专制君主制造了对世袭、独裁、势力这些当时社会的本质的信仰"。于是，国家兴衰，社会治乱，人民生命财产安危，全取决于皇帝及其家族或一个特权集团的贤愚、能拙和道德品质的优劣。即孔子所谓的"为政在人"，"其人存，则其政举；其人亡，则其政息"。皇权高高在上，拥有绝对的最高权威，对于任何人都有生杀予夺的大权，任何人都必须绝对服从，否则，按照封建法律规定，就会被处以残酷的死刑，甚至灭门，灭绝人性，惨绝人寰。《唐律疏议·名例一》明确指出："然王者居宸极之至尊，奉上天之宝命，同二仪之覆载，作兆庶之父母。为子为臣，惟忠惟孝。乃敢包藏凶慝，将起逆心，规反天常，悖逆人理，故曰'谋反'。"从历史发展的角度来看，专制统治在我国古代有其必然性，并有过巨大历史功绩，但其缺陷也非常明显，越到后期，其缺陷越明显，越不可容忍：暴政和腐败屡屡出现；等级森严，社会禁锢很多，个人缺乏自由；社会结构高度同质化，不利于先进技术和新的生产关系的产生。统治阶级穷奢极欲、荒淫无度，而被统治阶级压迫的平民饥寒交迫，处于水深火热之中。专制统治维护的只是皇帝的特权和封建贵族的特权，而视百姓为草芥，视其权利为粪土。在封建专制政治环境条件下，是不可能诞生出以制约权力、保护权利为主要特征的现代法治理念的。

维护等级与特权的专制政治加强和推动了我国古代法律儒家化进程。为了维护宗族社会和封建国家的正常秩序，统治阶级必然依赖法令确立统治阶级与被统治阶级之间的关系，而根深蒂固的封建礼法、道德在确立封建等级秩序、维护封建专制统治方面的功能、优势和专长甚至比法令还要明显，于是"引礼入法""引经注律"就成为必然的选择和做法。董仲舒主张"春秋决狱""秋冬行刑"，维护等级、主张差别的"三纲五常""亲亲""尊尊"等儒家经义成为司法判案的标准和依据，开启了法律儒家化的进程。唐朝统治者为了实现政权的长治久安，确立了"德礼为政教之本，刑罚为政教之用"的立法指导思想。即以礼义教化作为治理国家的基本方法，而以刑罚制裁作为治理国家的辅助手段。由于这一原则的贯彻实施，使唐朝的礼、法结合达到了中国封建时代的高峰。不仅仅在汉、唐时期，不少朝代的统治者都重视和提倡"德主刑辅""礼法并用"。礼法、道德对于维护封建等级和专制统治意义重大，违反和侵害礼法、道德就是威胁和侵害封建等级秩序和专制统治，必定予以残酷的镇压、打击和处罚，这就使得我国传统法律文化儒家化的特色比较明显。而且，"引礼入法，礼法结合"的礼法文化成为我国传统法律文化的最重要特征。根据以礼为核心的封建法律制度，行为人的等级身份和血缘关系成为定罪量刑的必要前提，同样的行为不一定同罪，同样的罪名不一定同样处刑。以"礼"为核心的等级观念的消极影响在法治建设中体现为：重视人情，漠视法律，特权现象严重，有法不依，执法不严，随心所欲地运用自由裁量权，法律得不到一体遵行。这种伦理化的产生不是偶然的，而是有一定的原因，其主要表现为：占统治地位的自然经济是其产生的经济原因；宗法制度具有深厚的土壤和悠久的历史；儒家思想为其提供牢固的理论基础；封建统治者对父权、族权特殊作用的经验总结。法律的儒家化与维护等级和特权的专制政治具有天然的联系，是维护等级与特权的专制政治的必然要求，并为维护等级与特权的专制政治服务。

在长期的统治过程中，为维护封建专制统治而造就相当残忍的重刑主义法律文化。古代统治者为了维护其专制统治，将法律沦为手中的工具，并不断增强其残忍性，借以镇压和恫吓人民，形成了诸法合体、以刑为主、重刑轻民的法律文化。法即是刑，刑也就是法。刑事性的法律规范不仅存在于应当由刑法予以调整的社会关系领域，而且在许多民事经济领域，刑法与刑罚也涉及其中，使本来由民事法律调整的社会关系被烙上"刑"的印迹。这样，整个社会基本上是以刑为中心，重刑轻民是其突出表现。法律的高度刑事性使人们都认为法律是用来镇压民众的，而不是用来保护人民权利的。刑法文化的发达程度难以想象，比如，秦朝沿用战国以来执行死刑的方法，种类繁多，常用的有：绞，用绳索将犯人勒死；枭首，将犯人的头砍下后悬于木杆上示众；腰斩，将犯人拦腰砍断以处死；弃市，将犯人在闹市杀死，并将尸体暴露街头；族，将与犯人有血缘亲属关系的人一并处死；具五刑，对应受族刑的犯人加施黥、劓、斩趾等肉刑并致其死。秦朝的体刑也相当残酷：黥，刺划犯人面部并染以墨色以作为罪犯标记；劓，割掉犯人鼻子；斩左趾、斩右趾，砍掉犯人的左脚或右脚；宫，割掉男犯人外生殖器或将女犯幽闭以破坏犯人生殖机能；髡，剃去犯人头发、鬓毛；耐，剃去犯人鬓毛、胡须；笞，击打犯人身体。以后的封建王朝执行的刑罚虽有所调整，出现了一定程度的缓解，但有的朝代同秦朝相比有过之而无不及，明朝的廷杖、凌迟、剥人皮、铲头会等刑罚空前残忍。

我国古代封建专制统治走到明末清初的时候，遭到资产阶级启蒙思想严厉谴责和批判。百日维新企图通过变法的形式延长皇权统治苟延残喘的时间，但未能如愿。清末的被迫修法已经无法挽救风雨飘摇的专制统治，封建帝制最终被辛亥革命推翻，走到了历史的尽头。十月革命一声炮响，给中国送来马克思主义。中国共产党带领亿万人民经过艰苦卓绝的斗争，推翻了国民党反动统治，建立了社会主义新中国，确立了社会主义民主政治，从此人民当家作主，成为国家的主人。"五四宪法"赋予人民广泛而真实的权利。尽管"文革"时期公民的权利受到影响和冲击，但党的十一届三中全会胜利召开，我国民主政治进程经过拨乱反正又重新焕发生机和活力，为社会主义法治建设的深入发展创造了有利条件。1999 年将"依法治国，建设社会主义法治国家"庄严地写进了宪法。党的十八届四中全会历史性地专题研究和部署全面推进依法治国问题，标志着我国社会主义法治文化建设进程迈向新阶段。

党的十九大报告更是提出全面依法治国是中国特色社会主义的本质要求和重要保障。报告指出必须把党的领导贯彻落实到依法治国全过程和各方面，坚定不移走中国特色社会主义法治道路，完善以宪法为核心的中国特色社会主义法律体系，建设中国特色社会主义法治体系，建设社会主义法治国家，发展中国特色社会主义法治理论，坚持依法治国、依法执政、依法行政共同推进，坚持法治国家、法治政府、法治社会一体建设，坚持依法治国和以德治国相结合，依法治国和依规治党有机统一，深化司法体制改革，提高全民族法治素养和道德素质。

社会主义民主政治是社会主义法治文化产生的重要前提。社会主义法治文化的产生除了需要社会主义市场经济这一重要经济基础，还需要社会主义民主政治这一有力政治保障。民主政治，强调国家的一切权力属于人民，人民对公共权力运行拥有监督权利，具有较强的民主意识。只有在社会主义民主政治条件和环境下，才有可能从根本上改革和调整与生产力不相适应的生产关系，解放生产力，发展生产力，让人民过上富裕幸福的生活，享有选举权与被选举权、财产权、人身权、知识产权、教育权、劳动权、休息权、居住权、就医权、社保权、交通权等一系列法律赋予的权利，并在实现权利的过程中不断改进立法、执法、司法、法律监督等，为社会主义法治文化的形成创造条件、营造氛围。社会主义法治文化来源于社会主义民主政治。社会主义法治文化的理念、原则与规则同社会主义民主政治的思想、精神与观念是密切联系的，其中不少内容是社会主义民主政治成果以法律形式在法律领域的总结概括和提炼升华。离开了社会主义民主政治，社会主义法治文化就成了无源之水、无本之木。我国古代社会之所以不可能出现社会主义法治文化，根本原因就在于不可能出现社会主义民主政治，相反，古代中国专制政治飞扬跋扈、横行其道，并长期占据统治地位。

社会主义民主政治是社会主义法治文化发展的有力支撑。随着社会主义民主政治的发展，人民享有的法律权利从范围上讲将越来越宽泛，从程度上讲将越来越深入，社会主义法治文化将取得更大的进展。由于诸多方面的原因，社会主义法治文化实际发展程度和水平与人民的愿望和期盼相比，仍然存在较大的差距。尽管封建社会已经走进历史，但封建思想还没有根本消除，而且在某些领域的影响仍较为突出。一些领导干部以言代法，以权压法，以权毁法，徇私枉法，贪污受贿，严重损害了党在人民群众中的威望与形象，引起广大人民群众的强烈不满。绝对的权力导致绝对的腐败。上述现象的存在与某些领导干部的权力缺乏制约和监督有关。不少地方仍然存在住房难、上学难、看病难、就业难等一系列涉及民生的重大问题，而且，侵害公民生存发展的强行拆迁、危及公民生命健康的刑讯逼供等还时有发生，说明法律所确立的权利没有实现或实现得不充分，保护权利的工作还存在差距。无论从制约权力，还是从保护权利上看，法治实践都有待改进和完善。上述问题的解决绝不是孤立的，既要从法治建设自身着手，又要善于为解决法治实践问题创造外部环境与条件。健全和发展社会主义民主政治无疑是解决社会主义法治文化建设实践中存在问题的有力举措。通过坚持和完善人民代表大会制度、多党合作和政治协商制度、基层群众自治制度，不断发展和完善中国特色社会主义民主，强化权力制约与监督，加大公民权利保护力度，不断提升社会主义法治文化发展水平。

第三节 从臣民社会到公民社会

我国传统社会是典型的臣民社会，所谓"君君、臣臣、父父、子子"的名位、义务被反复强调，并不断重申和固化为"仁、义、礼、智、信、温、良、恭、俭、让"等道德标准和道德要求，以确保封建君主受到绝对敬仰。父亲受到绝对尊重，而且从更深意义上强化对父亲的绝对尊重是为对君主的绝对敬仰服务的，对父亲的绝对尊重是对君主绝对敬仰的坚实保障，对君主的绝对敬仰是对父亲的绝对尊重的最终归宿，对君主绝对敬仰是最高层面最核心的内容、本质和要求。封建统治者充分利用了宗法家族社会的血缘亲情关系，把家庭内部的道德伦理构建成了国家的统治法则。家国混而为一，君父同为尊长。由孝及忠，事君如事父。君权这座巍峨而不可冒犯的高山重压在臣民身上，迫使臣民无时无刻不在考虑对君主的忠诚、恭敬、服从、谦顺等一系列义务，臣民稍有不慎，就会受到严惩，甚至带来杀身之祸。君主随时随地可以剥夺臣民的生命，在这样的情况下，臣民无暇顾及也难以获得权利和尊严。"君要臣死，臣不得不死，父要子亡，子不得不亡"的道德伦理，按照现代法治理念是难以理解的，但在我国古代臣民社会中却是再正常不过的事情。

臣民社会促使我国古代法律文化重等级、轻平等的特色较为明显。为确保皇权的绝对权威和臣民的绝对服从，封建统治者创制并不断强化一系列等级制度和观念。虽然我国封建法律思想史上确有"法治"这一提法，但同现代法治含义大相径庭，其体现的是"八辟""八议"等诸多等级制度，法律实施因社会地位、亲疏远近不同而存在较大差异。这种等级森严的"法治"主要为了"治民"，其次为了"治吏"。封建最高统治者鼓吹自己是上天的儿子，代表上天统治臣民，自诩为"天子"，"君权"是"神授"的，不是自封的，既为自己的统治蒙上一层神秘的色彩，同时也试图论证君权产生的所谓"合法性"，其目的都是为了欺骗和蒙混臣民，维护自身统治。既然贵为"天子"，即为"九五之尊"，其身体为"金尊玉体"，其言语为"金口玉言"，其处置公务的地方为"金銮殿"，其女儿都被称为"金枝玉叶"，将人间辉煌的词汇都粘贴到自己身上，目的就是塑造高高在上、威不可犯的形象，将高贵的自己与微贱的臣民区分开来。按照封建君主的逻辑，既然形象如此高贵，便不能不拥有至高无上的权力。威仪天下，皇权无边，皇帝控制着国家政治、经济、军事、外交、文化、社会等所有领域的大权，而且其可以骄奢淫逸、暴戾成性、杀人如麻而不用负任何法律责任，因为他本身就是法律，口含天宪，既享有立法权，又享有执法权，还享有司法权，集所有法律权力于一身。古代大臣一方面效忠皇帝，服从皇帝命令和调遣，协助皇帝治理国家、统治人民，有的大臣就是"土皇帝"，在滥用权力、残害百姓方面同皇帝很近似；另一方面，他们不过是皇帝玩弄于手中的棋子与工具，一旦皇帝稍有不悦，就被打得血肉模糊，甚至性命难保。明朝的"廷杖"之刑就是专门为在朝堂上惩罚大臣而由宦官监督、锦衣卫执行而设置的酷刑。明武宗时，群臣谏止皇帝南巡，一次廷杖 146 人，杖死 11 人。这种君王大发淫威的结果，使得当时京官每日入朝必与妻子诀别，及至平安回来，一家额手称庆又多活了一天，造成了朝官大臣人人自危的恐怖局面，以致当时的官吏明哲保身，阿谀逢迎，不思进取，玩忽职守，只图保命、护乌纱帽。明清时期，地方冤案得不到审理，纷纷进京控告，都察院、刑部等以不敢擅自做主为由，全推皇帝。公元 1817 年（嘉庆二十三年），广东省一邱姓因出人命，向府、道、藩、臬、抚、督各级衙门控告了 177 次，共 17 年，竟然没有一个官员亲自提讯。中央则"自大学士、尚书、侍郎，以及百司庶尹，唯诺成风"。普通百姓位于社会的底层，既没有较高的经济收入，也没有政治地位，经常遭受统治者的强取豪夺，上交繁重的苛捐杂税，被统治者视若草芥，生命财产随时都面临被剥夺的风险。民被称黔首，排斥在政治等级之外，所谓"无名姓号氏于天地之间，至贱乎贱者也"。他们没有任何主动性，只知服从统治，一味顺上，所谓"君者，仪也；民者，景也，仪正而景正"。"君者，民之心也；民者，君之体也。心之所好，体必安之；君之所好，民必从之"。在统治者眼里，民众生来无知无识，就应该做君主的奴仆。微弱的地位导致孱弱的心态，惧怕得罪统治者，自甘作顺民、小民、草民。在如此等级森严的社会里，皇帝是不可能与其大臣、民众分享权力，平起平坐的，也就不可能有平等可言。

臣民社会促使我国古代法律文化重义务、轻权利的特色比较突出。作为一种伦理或法律义务，自春秋战国，一直用"义"来表达，至清末才有"义务"概念。《礼记·礼运》如此规范"义"："父慈，子孝，兄良，弟悌，夫义，妇听，长惠，幼顺，君仁，臣忠，十者谓之人义。"由于儒家"礼治"思想的影响，人们生活在臣属文化中，习惯从宗法家族角度思考个人与社会的关系，社会个体的意识、态度与行为，被置于纲常名教之中，这必然决定我国传统法律义务本位特征。人被放在"君为臣纲""父为子纲""夫为妻纲"网络中的某一特定位置上，处于卑位的人对处于尊位的人承担义务。在血缘宗族中，个人的权利被族权、父权、夫权分割；在血缘宗族外，个人的权利又被王权和官权侵夺，人不仅不能够支配自己劳动所获得的财产，而且不能支配自己的身体和意志，从而不可能形成基本人权观念。在群体本位社会里，个人应明确自己在群体中的位置。身份是有高低贵贱之分的，尊者的权利被放大，而卑者的权利被压缩；血缘宗族中尊者的权利在家族范围内放大，但在官僚机构中，又受到上级官员和君王的压制和剥夺。一部古代法律文化史就是一部规范义务的历史，法令字里行间充斥着义务性的条文规定，严格禁止和限制臣民从事某些活动或行为，否则臣民将承担严重的后果。法令强调和加强义务性条文，一方面为了震慑和恐吓臣民心理，使其不敢反抗，另一方面，通过这样的规定强制臣民多尽义务，多为封建王朝做事，多创造物质财富，稳定社会关系。只强调义务，不强调权利，严重违背了权利与义务的辩证关系，民众对家庭、社会、国家的义务在法令中强调较多，这成为臣民的沉重负担。法律为普通民众设定了种种底线与红线，迫使其服从法令安排，而不至于威胁统治者的地位，否则将承担严重的后果。正是由于法律突出义务性规定，又极其残酷，使民众认为，法就是为了惩罚人而设立的，惧法、畏法、敬法而远之。全社会强调义务，漠视权利，且将其视为合情合理的良好传统和习惯做法。没有权利观念，只有义务意识，造成古人心理上只知道服从，不知道维权，只知道听话，不知道自立，且唯唯诺诺，奴性十足。在此条件下，建设现代意义上的法治社会是不可想象的。

深刻影响臣民价值观念、处事方式和心理状态的臣民社会持续时间较长，一直延续到清末，此后开始艰难地向公民社会过渡。西学东渐的浪潮给传统中国带来了近代权利意识的觉醒。1897 年严复译作《天演论》出版，随之，卢梭《社会契约论》、孟德斯鸠《论法的精神》、穆勒《论自由》、美国《独立宣言》和法国《人权与公民权宣言》等相继被引入到中国。1908 年 8 月，清政府颁布《钦定宪法大纲》，有关君上大权的条款多抄自日本宪法，但由于删去了日本宪法中限制天皇权力的条款，所以君上大权漫无限制。附录"臣民的权利义务"规定了臣民应尽纳税、当兵、遵守国家法律之义务；虽臣民有言论、著作、出版及集会、结社等自由权利，但均须在"法律范围内"。根据"君上大权"的规定，皇帝有权随时颁布诏令对此予以限制。虽有明显局限，但毕竟是第一次以根本法的形式规定臣民的权利，具有一定的进步性。1912 年南京临时政府制定的《中华民国临时约法》，是中国历史上唯一的一部资产阶级宪法性文献。它规定"中华民国"人民一律平等，无种族、阶级、宗教之区别，人民有居住、财产、言论、书信、集会、结社等自由，有考试、选举和被选举权，有依法律纳税、服兵役之义务等。这些规定反映了资产阶级民主自由原则，否定了封建等级特权制度。北洋政府和南京国民政府尽管在制定的宪法中规定了国民享有一些权利，但又规定了严苛的限制条件。新中国成立后，先后制定颁布了四部宪法，分别是 1954 年宪法、1975 年宪法、1978 年宪法和现行的 1982 年宪法。"五四宪法"确立了公民享有的一系列权利，使人民当家作主的地位得到保障和巩固。由于受"左"的思想影响，"七五宪法"宣布"大鸣、大放、大辩论、大字报"的"四大"是社会主义革命新形式，取消国家的法律监督机关，取消公民在法律面前一律平等的法制原则。"七八宪法"虽做了较大调整与改进，仍坚持"以阶级斗争为纲"的指导思想和"无产阶级专政下继续革命"的理论基础和规定"四大"是公民的基本权利。党的十一届三中全会以后，"八二宪法"做出重大调整，将"公民的基本权利和义务"由第三章移到第二章，丰富了关于公民权利的规定，随后的四个宪法修正案进一步完善了关于公民权利的内容。2011年中国特色社会主义法律体系基本建成，不仅从宪法上，而且从民商法、行政法、经济法、社会法、刑法、诉讼与非诉讼程序法等诸法方面，赋予公民广泛的自由和权利。从历史的角度看，臣民社会到公民社会的过渡，也就是等级向平等的过渡，义务向权利的过渡。

党的十九大报告反复提到了"中国特色社会主义法治体系"。报告在阐述新时代中国特色社会主义思想时指出，新时代中国特色社会主义思想明确全面推进依法治国总目标是建设中国特色社会主义法治体系、建设社会主义法治国家；在阐述新时代中国特色社会主义基本方略时再次提出，全面依法治国要坚定不移走中国特色社会主义法治道路，完善以宪法为核心的中国特色社会主义法律体系，建设中国特色社会主义法治体系。由此可见，中国特色社会主义法治体系的独特地位。

回溯到党的十八届四中全会，我们可以看到对中国特色社会主义法治体系的清晰表述，全面推进依法治国，总目标是建设中国特色社会主义法治体系，建设社会主义法治国家。也就是说，在中国共产党领导下，坚持中国特色社会主义制度，贯彻中国特色社会主义法治理论，形成完备的法律规范体系、高效的法治实施体系、严密的法治监督体系、有力的法治保障体系，形成完善的党内法规体系。

显然，完备的法律规范体系、高效的法治实施体系、严密的法治监督体系、有力的法治保障体系，完善的党内法规体系，组成了中国特色社会主义法治体系。事实上，一个国家的法治体系离不开立法、司法、行政执法以及法治保障，但是党内法规体系却是中国特色社会主义法治体系所独有的，同时也彰显了中国特色社会主义法治的理论逻辑和实践逻辑。

从理论上讲，中国共产党的领导是中国特色社会主义法治的本质属性，具体表现为坚持党的领导、人民当家作主与依法治国有机统一。在逻辑上，党领导人民制定宪法和法律，党领导人民执行宪法和法律，党自身必须在宪法和法律范围内活动，从而形成党领导立法、保证执法、带头守法的局面。

从实践上讲，每个党政机关、每名领导干部必须服从和遵守宪法法律，不能把党的领导作为个人以言代法、以权压法、徇私枉法的"挡箭牌"。领导干部要做尊法的模范，带头尊崇法治、敬畏法律；做学法的模范，带头了解法律、掌握法律；做守法的模范，带头遵纪守法、捍卫法治；做用法的模范，带头厉行法治、依法办事。

事实上，党的十八大以来，党内法规制度建设被提到一个新的高度，《中国共产党党内法规制定条例》《中国共产党党内法规和规范性文件备案规定》等一批党内法规相继出台，《中国共产党地方委员会工作条例（试行）》《干部教育培训工作条例（试行）》《党政领导干部选拔任用工作条例》《中国共产党党内监督条例（试行）》等一批党内法规先后被修订，党内法规体系建设实现了质与量双飞跃，从侧面助推了中国特色社会主义法治体系的健全与完善。

公民社会是社会主义法治文化的基本条件。社会主义法治文化要想顺利发展，必须确立平等自由、公平正义、约束权力、保障权利等重要理念与观念，并将其贯彻到法治实践中去，促使应然的法不断向实然的法的转变。而上述目的实现，离不开一个重要的前提，即公民社会。只有在公民社会中，才能将法律面前人人平等的原则转化为现实，将宪法与法律中确立的权利加以有力的保障，为每一个人的自由发展与全面进步创造有利条件。人与人之间的关系是公民与公民之间的关系，只存在分工的不同，不存在高低贵贱之别，任何人无论处于什么位置、从事什么工作，都不能搞特殊、弄特权。正如我国《宪法》第一章第五条强调的："国家维护社会主义法制的统一和尊严。一切法律、行政法规和地方性法规都不得同宪法相抵触。一切国家机关和武装力量、各政党和各社会团体、各企业事业组织都必须遵守宪法和法律。一切违反宪法和法律的行为，必须予以追究。任何组织或者个人都不得有超越宪法和法律的特权。"在公民社会中，人与人之间的关系不应成为特权阶层与弱势群体、既得利益集团与普通民众的关系。公民社会所宣示的平等，不单纯是物质获取上的平等，还应包括精神享有上的平等；公民社会享有权利的个人，不仅包括公务员，还包括工人、农民、知识分子等。公民社会为社会主义法治文化建设从物质、环境、氛围、思想、理念、精神等各方面提供基本前提。如果离开平等自由、重视权利的公民社会，社会主义法治文化将不复存在。

公民社会是社会主义法治文化的坚实保障。我国现在的公民社会毕竟是从漫长的臣民社会转化而来的，还有一些地方不完善。臣民社会虽然不存在了，但其影响依然存在，在某些领域、某些地方的表现还较为突出。特权思想和特权做法仍然严重冲击和影响着当代社会和现实生活。有的领导干部忘记全心全意为人民服务的宗旨，一朝权在手，便把令来行，自觉岗位特殊，高人一等，处处讲特权，时时要待遇，房子越住越豪华，车子越坐越高档，票子越来越丰厚，将人民赋予的权力变成了损公肥私、贪赃枉法的工具。在他们心中只有自己的好处、实惠与切身利益，而将人民的冷暖、社会的需求与时代的发展置于脑后，严重脱离群众，败坏党风政风，危害国家建设事业。国家财富的数量在一定时间内是相对固定的，徇私枉法、中饱私囊满足和增加的是个别人的实惠，必然损害其他大多数公民的利益，这是公民社会所不能允许的。公民社会以维护所有公民合法权益为己任，以惩治所有对公民合法权益的侵犯为天职，面对威胁和损害其自身生存和发展的违法乱纪行为，必然做出相应反应，增强预防、克服和解决的力度，严格执行党纪国法，并在这一过程中解决社会问题，净化社会风气，推进社会主义法治文化不断发展。

第四节　从人治文化到法治文化

　　人治文化是建立于专制制度之上并为专制统治服务的精神意识、规范制度和行为方式，贯穿于我国封建社会始终。人治本质上体现的是拥有极权的极少数人的意志。主要表现为：人治在政治上是专制，而不是民主；人治不是不强调法律，而是强调的法律是其实行专制的工具；人治对权力的重视远远超过对法律的重视，权大于法是其突出特点；人治往往与高度的极权密切相连。人治文化突出的特征是依人而治，依靠权力、人情、关系，甚至心情、感觉、喜怒哀乐来处理事务和纠纷，背离以事实为根据、以法律为准绳的原则，心无标准，目无法纪，想治谁就治谁，想怎么治就怎么治，利用手中的权力要淫威、玩手段，"葫芦僧乱判葫芦案"，强取豪夺，草菅人命。人治权力淫威无穷，诱发强烈的"官本位"意识，古代不少人殚精竭虑想当官，最心驰神往的就是当皇帝，既可以拥有天下的财富，又可以掌握天下人生杀予夺的大权。人治是滥用权力的总原因、枉法裁判的总根源。

　　权力至上是人治文化的重要特征。两千多年来，我国封建政治的运作，大抵不出儒、法两家政治思想的轨道。儒家德治思想虽然要求权力阶层的道德资质，但只是对权力的道德约束，不是对抗王权不当行使的制度依据。法家强调"以法治国"，主张以法律作为人的行为准则。但是，法只是统治的手段，权力才是决定性的因素。这是自秦始皇统一中国以后历代封建君主所奉行的统治原则。人治统治使得皇权独尊，至高无上，各级官僚只对上级官僚负责，不对百姓负责，官民关系体现为命令与服从，权力垄断并决定一切，形成对权力的超常崇拜，积淀了"权大于法""权力至上"的法律文化传统，缺乏限权思想。在中国法治建设过程中，这种法律文化传统阻碍了现代法治权威的形成。我国古代权力运行结构非常类似金字塔，一层层、一级级的权力汇聚累加起来，越往上越集中，越往上权力越大，位居塔尖的就是皇帝，拥有无上的权力，天下之事，事无巨细，皆有权处置，国中之人，不分老幼，都可生杀予夺。在这种结构中，位于重要地位、发挥实质性重大影响的是权力，权力的大小将直接影响和决定弄权者的实力和权威。为了增强自身影响力，获得更多的仰慕，得到更多的实惠，无论位于哪一层级的封建官员，得到权力都是他们人生的重要精神支柱和前进动力，他们存在的所有价值就在于扩展和提升手中的权力。为了得到权力，不惜卖官鬻爵、损公肥私、贪赃枉法。久而久之形成的文化，是对权力的崇拜和敬仰，而不是对人的崇拜和敬仰，更不是对权利的崇拜和敬仰。官本位、官迷、官老爷、官思想等一系列与权力密切相关的观念和现象盛行。一方面，封建权贵贪官恋官，利用手中的权力骄奢淫逸、胡作非为；另一方面，由于官吏掌握着老百姓的生死存活大权，迫使老百姓惧官怕官，若"敬鬼神"般而远之。权力至上必然导致权利至下，在尽力攫取权力的体制和环境里，保护权利特别是保护老百姓的权利成为天方夜谭。

权力缺乏制约与监督是人治文化的突出表现。在我国古代专制社会，权力极度膨胀，很难形成权力制约与监督的思想，这与西方社会形成较为明显的对比。美国法学家埃尔曼在《比较法律文化》中强调，从古代起，西方人便激烈而无休止地讨论着法律与权力的关系，这种争论奠定了法治观念的基础。在自然主义理性观指导下，希腊人提出人类应"与自然和谐一致生活"的人生观和价值观，由此开启了西方人对蕴含着对权力制约思想的法治的探索。当时的人们认识到，权力受到制约，限制统治者权力，才能达到法治状态。洛克的"分权制"、孟德斯鸠的"权力制约说"以及卢梭的"人民主权说"等都是权力制约思想的代表理论。孟德斯鸠认为，一切有权力的人都容易滥用权力，这是万古不易的一条经验。有权力的人们使用权力直到遇到有界限的地方才休止。卢梭指出，一切合法的政府都是共和制的。英国法学家戴雪在《英宪精义》一书中提到，在他那个时代的英国，法治这一词有如下意思，那就是任何人不应因做了法律未禁止的行为而受罚；任何人的法律权利或义务几乎不可变地由普通法审决；任何人的个人权利不是联合王国宪法赋予的，而是来自宪法赖以建立的依据。这首先意味着自由权是受固定的法律制约和排斥政府任意干涉的。而我国古代社会的观念和做法与之相反，皇帝几乎不受制约和监督，皇权无边，威仪天下，似乎天经地义，仿若天造地设，一部古代社会演进的历史就是国君运用手中大权、特权、威权治理国家和社会的历史。只有皇帝拥有生杀予夺天下人的权力，而天下人必须服从皇帝、效忠皇帝而绝不能反对和质疑皇帝，否则，就是"逆子贰臣"，十恶不赦，满门抄斩。在"顺我者昌，逆我者亡"的环境里，不要说制约和监督皇权，就是提些建议，恐怕都要冒着杀头的危险，古代不少谏官都为此丢了性命。至于反叛作乱的，其下场更加不堪。这样不仅对皇帝监督不了，对官吏也监督不成。在我国古代社会，弱势的百姓监督手中握有重权的官吏，是不可想象的。我国古代社会，为了确保政权稳固，统治者确实设计了不少监督和防止官吏贪污受贿、滥用权力的法律制度，尽管不少制度设计得很完备，但在实践中却根本不能有效防止和杜绝各级官吏贪赃枉法、以权谋私。之所以如此，主要在于各级官吏将注意力都集中在皇帝和上级官吏的旨意和意图上，不关心如何制约和监督权力，特别是制约和监督自己手中的权力。实际上，随心所欲的皇帝是制约和监督制度的最大破坏者，玩弄权术的官吏也是制约和监督制度的"蛀虫"和"蝼蚁"。缺乏制约与监督的我国古代社会，伴随着权力不断膨胀，财富不断集中，带来的严重后果与影响是贫富悬殊、矛盾激化、社会动荡，直到王朝被推翻。

我国古代法治文化不发达，而人治文化的影响却相当悠远。尤其是秦始皇确立的中央集权政治制度为人治文化的存在和发展奠定了非常坚实的基础。

汉武帝推崇的"罢黜百家，独尊儒术"，加深了我国人治文化的发展进程。以后的历代封建统治者都高度重视推进人治文化。人治文化的存在和发展有其历史必然性，对于推动封建社会发展，维护社会稳定发挥了积极作用。但随着历史的发展，人治文化的弊端日益凸显，封建社会走向穷途末路，人治文化也就日薄西山。明末清初的资产阶级启蒙学者深刻批判人治文化的危害。辛亥革命铲除封建帝制这一人治文化存在的根源。新文化运动的先驱们向人治文化开炮，淋漓尽致地批判人治文化林林总总的弊端与危害，高扬起鞭挞旧文化、建立新文化的旗帜。新中国成立后，法制建设被高度重视，制定了包括宪法、婚姻法等在内的一系列法律。"文革"时期，"革命无罪，造反有理""砸烂公检法"的无政府主义、法律虚无主义，严重冲击了国家法治建设。党的十一届三中全会以来，经过近四十年的不懈努力，我国法治建设取得了重大成就，无论立法、执法，还是司法都有了长足的发展。我国社会从1908年宣布"预备立宪"到2014年党的十八届四中全会通过《中共中央关于全面推进依法治国若干重大问题的决定》，期间经历了社会的改良、革命、建设和改革，无数优秀中华儿女前仆后继，甚至为之献出宝贵的生命。历史昭示如下真理：法治兴衰与国家发展息息相关，法治兴，则国家兴；法治衰，则国家衰。十九大报告提出的习近平新时代中国特色社会主义思想，是全党全国人民为实现中华民族伟大复兴而奋斗的行动指南，也是新时代全面依法治国遵循的基本思想。十九大报告对新时代中国特色社会主义法治建设的理论创新、实践要求和全面部署提出来建议，为全面推进依法治国、建设社会主义法治国家指明了方向。

制约权力是社会主义法治文化的本质要求。权力应放在适当位置，既得以行使，又受严格制约，其来源、实施主体、行使范围、适用程序、责任承担等都需法律规范。权力应该受到法律的制约，但是法律可能受到权力的破坏，因此必须形成权力之间的相互制约。社会主义法治文化的宗旨、目标、方向与制约权力的设定、初衷、想法是一致的，确保社会主义国家各项权力有效运行，以更好地维护人民群众的根本利益。权力必须在法治轨道、在受到制约状态下运行，才能确保权力实施的成效，确保权为民所用、利为民所谋。绝对的权力导致绝对的腐败，脱离制约与监督的权力很容易腐化变质，变成徇私枉法、侵犯百姓利益的工具，污染社会风气，激化社会矛盾。改革开放以来，在权力制约与监督方面，我们既取得了不少成就，也存在着许多教训。虽然通过完善人民代表大会制度、中国共产党领导的多党合作和政治协商制度、民族区域自治制度等，确立党的监督、司法监督、社会监督等一系列监督制度和措施，在确保权力受制约、实施受监督方面积累了不少经验。但也应看到，在权力制约和监督方面还存在不少问题。权力制约和监督实际运行效果不尽如人意，特别是对"一把手"的监督成效并不明显，难以有力制止独断专行的"一言堂"、头脑发热的"乱决策"和刚愎自用的"瞎指挥"。对于贪赃枉法、以权谋私的违法乱纪行为，现有的制约与监督机制反应并不是很及时，处置并不是很有力。合理组合分配国家权力，构建适应时代发展需求的制约和监督机制，坚决纠正有法不依、执法不严、违法不究问题，做到有权必有责、用权受监督、违法必追究，推动我国法治现代化建设，是当今社会面临的重大课题，也是社会主义法治文化发展的必然选择。

保护权利是社会主义法治文化的题中要义。现代法治社会不仅重视权利，而且将权利放在基础的地位、本位的高度加以强调。权利本位突出强调权利的重要性，将权利分为财产权、自由权、平等权等。权利本位源于商品交换，是市场经济条件下发挥作用的必然结果。市场经济将权利凸显出来，权利是基础、动力和目标，没有权利的自主行使，就没有市场经济。在我国经济转型过程中，由于受到市场经济的影响，权利意识被激活。人们意识到不仅有物质权利，还有精神权利；不仅有交往权利，还有维护尊严权利。尽管各个国家、各个民族法治文化的表现形式不同，但法治文化精神和内涵应该是确定的，其核心就是一切权利属于人民，人民当家作主的民主制度、民主思想和民主精神，并且以最有效、最简捷的方式保证人民当家作主的形态在国家生活和社会生活中得到实现。社会主义法治文化建设的立足点与出发点都是为了维护人民群众的根本利益，确保法律赋予公民的各项权利得以维护和实现。我们党领导革命、建设和改革的历史，就是为人民群众的根本利益而不懈奋斗、甚至流血牺牲的历史，就是为维护公民合法权益而努力拼搏、攻坚克难的历史。社会主义法治文化之所以存在和发展，是因为其与人民群众根本利益、公民的合法权益息息相关，关乎着老百姓的吃穿住行、喜怒哀乐。中国革命、建设和改革的历史也是维权史，保护权利是贯彻和落实全心全意为人民服务宗旨的必然要求。然而，在现实生活中，损害和侵犯公民权利的行为时有发生，在某些领域某些方面表现得还相当突出。有的领导干部置群众冷暖于不顾，"一字衙门朝南开，有理无钱莫进来"，给老百姓办事时脸难看、话难听，不是想方设法为百姓排忧解难，而是一味摆架子、当"老爷"；有的领导干部习惯于吃、拿、卡、要，悠然于"接贡纳礼"，忘记了立党为公、执政为民的初衷，丢掉了热爱人民、服务人民的本色；有的甚至为了满足自己的私欲，打着种种旗号，公然损害公民的合法权益，百姓稍有不从，便予以抓捕，严刑拷打，刑讯逼供。这些行为不仅严重背离党的宗旨与要求，而且与法治的精神、原则和规定背道而驰。公民权利是公民生存和发展的基本保障，只有确保公民权利才能为公民的全面发展提供有利条件。保障人权已经被庄严地写进宪法，包括宪法在内诸多法律确立了公民的各项权利。在不断巩固和保护公民权利既有成就的基础上，深入思考克服和解决现实问题的方法与措施，努力促使应然法律向实然法律转变，促进社会主义法治文化的繁荣发展，是全党全社会的共同责任与庄严使命。

第三章　改革开放以来法治文化探索

　　1978 年十一届三中全会决定，把党的工作重心转移到经济建设上来，从而拉开了改革开放的序幕。1980 年 1 月 16 日，邓小平在中央召集的干部会议上进一步指出："要把经济建设当作中心。以经济建设为中心，必须改革高度集中的计划经济体制，建立和完善社会主义市场经济体制，实行对外开放，吸收世界上一切文明成果，为搞活社会主义经济，发展社会生产力开辟广阔的道路"。但改革开放和发展经济意味着市场将取代计划，无法预估的新型社会关系将不断出现，从而需要更多、更成熟、更健全的法律来予以规整。由此，中国的法治建设开始进入重构期，以"有法可依、有法必依、执法必严、违法必究"为核心的方针开始指导全国范围内的法制建设。与之同时开展的则是经济体制与政治体制的双重改革，经济上对外开放，政治上适当放权，一改以往高度集中的弊病而营造自由宽松的氛围，为法制的存在提供了广泛的空间。

第一节　以服务经济为基调

　　1978 年十一届三中全会到 1982 年宪法颁布这一阶段属于奠定基调期，明确了党和政府的工作重心在于经济建设，其他工作需以此为核心而统一协调。虽说在 1976 年 10 月，危害已久的"四人帮"就被彻底粉碎，党和国家得以从危难中挺出，但十年"文革"所遗留的政治、思想、组织和经济秩序上的混乱仍然存在，"左"倾思想未能得到全面根除。为解决遗留问题，党和政府有必要将法制建设重新放上议事日程，奠定以法制为重要工作的改革发展基调。这段时期，立法机关逐步回归法定地位，一批拨乱反正和改革开放亟须的法律法规被及时制定出来，立法体制也有所完善；公检法司法系统也重新恢复了正常工作，开始对"文革"中的残留问题进行侦查、起诉和审判，并对社会纠纷介入处理以保证社会安定；而国家根本大法宪法的重新制定则表达了党和政府进行法制建设的决心，将法律置于权威的高度而非一纸空文。

1978年11月，中央工作会议在北京召开，党的许多老一辈革命家和领导骨干，对"文化大革命"结束两年来党的领导工作中出现的失误提出了中肯的批评，对党的工作重点转移到经济、政治方面的重大决策，党的优良传统的恢复和发扬等都提出了积极的建议。邓小平在会议闭幕式上做了题为《解放思想，实事求是，团结一致向前看》的重要讲话。这次工作会议为十一届三中全会做了重要准备，同年12月18日至22日，十一届三中全会顺利举行并确定了三个基本方针。其一，明确了社会主要矛盾及处理方法。应该按照严格区别和正确处理两类不同性质的矛盾的方针去解决，按照宪法和法律规定的程序去解决，决不允许混淆两类不同性质矛盾的界限。其二，强调了民主与法制。当前这个时期特别需要强调民主，强调民主和集中的辩证统一关系，使党的统一领导和各个生产组织的有效指挥建立在群众路线的基础上。在人民内部的思想政治生活中，只能实行民主方法，不能采取压制、打击手段。从现在起，应当把立法工作摆到全国人民代表大会及其常务委员会的重要议程上来。检察机关和司法机关要保持应有的独立性；要忠实于法律和制度，忠实于人民利益，忠实于事实真相；要保证人民在自己的法律面前人人平等，不允许任何人有超于法律之上的特权。其三，重申了党的领导原则，主张党政分开。应该在党的一元化领导之下，认真解决党政企不分、以党代政、以政代企的现象，实行分级、分工、分人负责，加强管理机构和管理人员的权限和责任，减少会议公文，提高工作效率，认真实行考核、奖惩、升降等制度。这些方针对新中国的法制建设具有重要意义，诸多制度建构都与其密切相关。

但值得注意的是，十一届三中全会最为主要的贡献是明确了以经济建设为中心，前述三个基本方针均与经济建设密切相关。首先，明确社会主要矛盾及其处理方法，实则是强调阶级矛盾不再是主要矛盾，政治斗争已失去了最为基础的土壤，而社会生产水平的低下与人民日益增长的生活需求才是主要矛盾，即当前最重要的是发展经济以满足人民的生活需求。其次，民主与法制的推进也就意味着市场经济将取代计划经济。至于党的领导原则，实则是建议减少党对政务的约束，由政府获取充分的主动权来建设经济，党只需保持大方向上的领导和监督即可。

1977 年和 1978 年的拨乱反正为酝酿中国经济体制改革提供了良好的氛围。其中，经济领域拨乱反正涉及的重大问题有四个：一是纠正否定商品生产和商品交换的错误观点，重新肯定社会主义必须大力发展商品生产和商品交换，重视价值规律的作用；二是清算对所谓"资产阶级法权"和按劳分配原则的错误批判，重新强调按劳分配和物质利益原则；三是否定对"唯生产力论"的错误批判，强调生产力发展在社会主义发展中的重要地位，事实上提出了体制评价的生产力标准；四是提出按经济规律办事，提高经济管理水平。

此外，要发展经济，前提必须是将各部门的运作重新纳入正轨，重建"文革"期间被破坏严重的诸多机构，这就必然需要法律予以指导。1979 年 2 月，为协助全国人大常委会的法制工作，五届全国人大常委会法制委员会在五届全国人大常委会第六次会议予以设立，随后，法制委员会便紧急投入法制工作中，在综合既有法制成果和吸取过往教训的基础上，诸多法律草案被紧急制定，这其中包括《中华人民共和国地方各级人民代表大会和地方各级人民政府组织法》《中华人民共和国选举法》《中华人民共和国人民法院组织法》《中华人民共和国人民检察院组织法》等机构组织方面的法律，也包括《中华人民共和国刑法》《中华人民共和国刑事诉讼法》等维护社会秩序的法律，此外还针对吸引外资制定了《中华人民共和国中外合资经营企业法》。这些法律仅用三个多月的时间便起草完毕，并在 1979 年 7 月的五届全国人大二次会议上得到审议通过，铸造了重构法律体系的良好开端。

经过实行一系列举措，"文革"期间所犯下的各种错误基本得到修正，民主与法制再一次被全国人民重视，法治逐步成为一致认可的治理模式。经济基础决定上层建筑，伴随着经济体制改革的全面展开，法治的内涵亦做出相应的变化，从而服务于经济建设，为经济打造了一个公正、公平、公开、安宁的环境。

第二节　依法治国的确立

一、改革开放初期

在改革开放初期，为配合经济体制改革，全国人大及其常委会相继制定了《中华人民共和国个人所得税法》《中华人民共和国外商投资企业和外国企业所得税法》《中华人民共和国经济合同法》《中华人民共和国律师暂行条例》《中华人民共和国民事诉讼法（试行）》《中华人民共和国中外合资经营企业所得税法》《中华人民共和国海洋环境保护法》《关于严惩严重破坏经济的罪犯的决定》《中华人民共和国食品卫生法（试行）》《关于批准长江南通港、张家港对外国籍船舶开放的决定》《国家建设征用土地条例》等一系列法律法规。毫无疑问，这些法律与经济密切相关，如税法解决了国家财政税收以及不同主体所应承担的纳税义务的问题；经济合同法调整了平等民事主体之间所发生的各种合同关系；国家建设征用土地条例则为国家在推进经济建设过程中土地征用提供了合法依据。为了解决不同形式的法律的效力问题，1980 年 11 月，全国人大常委会决议明确了对新中国成立以来所制定法律法规的区别对待，以五届全国人大制定的宪法、法律和五届全国人大常委会制定、批准的法令为标准，凡是抵触的则无效，凡是一致的则继续有效。该举措对于在立法尚未系统化、立法任务重且力量不足的情况下，有利于保持既有的规则，也便于集中力量解决最为需要解决的问题。

为促进经济发展，建立对外开放的窗口，1979 年 7 月，中共中央、国务院同意在广东省的深圳、珠海、汕头市和福建省的厦门市试办出口特区。1980 年 5 月则进一步决定将深圳、珠海、汕头和厦门这四个出口特区改称为经济特区。为赋予经济特区充分的自由权，1981 年 11 月，全国人大常委会授权广东省、福建省人大及其常委会制定所属经济特区的各项单行法规，开启了改革开放后授权立法的先河。同时，该举措也为全国创造了一种全新的经济立法模式，即在法律允许的范围内，可根据自身实际情况发展本地经济。

如果说十一届三中全会为新时期法制建设扫除障碍创造了思想条件，那么 1982 年宪法则为法制的发展和振兴奠定了新的法律基础。1982 年宪法总结了新中国成立以来建设社会主义法制的长期实践经验，在一定程度上保持了与 1954 年宪法的一致性，如人民民主专政的国家性质、人民代表大会制度和民主集中制的政权组织形式、中央与地方的权力结构、民族区域自治制度、公民的基本权利和义务等基本方面都与 1954 年宪法基本一致。同时 1982 年宪法也契合了新历史发展时期的需要，全文涉及"经济"字眼累计共有五十二处之多，且不乏新颖之处，如第十八条规定了引进外资，"中华人民共和国允许外国的企业和其他经济组织或者个人依照中华人民共和国法律的规定在中国投资，同中国的企业或者其他经济组织进行各种形式的经济合作"。此外，宪法亦吸取了"文革"的教训。首先，鉴于"文革"时期宪法的地位未受到保障，其根本大法的作用未能得以充分发挥，1982 年宪法的总纲第五条中规定："一切法律、行政法规和地方性法规都不得同宪法相抵触。一切国家机关和武装力量、各政党和各社会团体、各企业事业组织都必须遵守宪法和法律。一切违反宪法和法律的行为，必须予以追究。任何组织或者个人都不得有超越宪法和法律的特权。"其次，加强了最高权力机关以及地方各级权力机关的建设。全国人大及其常委会的职权得到扩大，地方各级人大及其常委会则在保障宪法、法律实施的同时也有权监督本级政府，省级人大及其常委会还有权制定地方性法规。最后，考虑到公民权利在"文革"期间被无情践踏，1982 年宪法进一步明确了公民个人权利的具体内容并完善了相应的保障措施，确保人民得以完全享有自己的权利。

当然，除经济立法外，其他领域也有一定的立法成果，一方面，颁布了如《中华人民共和国婚姻法》《中华人民共和国国籍法》《中华人民共和国学位条例》《中华人民共和国环境保护法（试行）》等一批法律法规。另一方面，伴随着十一届三中全会而来的解放思想大讨论活动以及 1982 年宪法的全面推动，法学界也围绕"法治与人治""法律面前人人平等""法律体系协调发展""法的阶级性与社会性""无罪推定"和"司法独立""法制建设与政治体制改革""依法行政""党在宪法和法律范围内活动""社会主义初级阶段的法制建设"等重大法学和法治问题展开了讨论，为中国法制建设提供了理论支持。

从 1978 年十一届三中全会的召开至 1982 年新宪法的颁布，中国法治发展道路的基调被奠定，即果断抛弃过去不讲法、不立法的做法，围绕法制为中心建立新型的改革秩序模式。法制被提升到一个相当高的位置，它既是国家政治体制加强民主化的必要路径，也是国家经济体制加强市场化的有力保障，中国以后的发展必须在坚持法制的前提下进行，打击一切违法的行为。对此，李步云先生高度概括了 1978 年以来中国执政党和政府做出的四项具有深远历史意义的重大战略决策：一是由以阶级斗争为纲转变为以经济建设为中心；二是由闭关锁国走向对外开放；三是从计划经济转变为市场经济；四是从人治向法治过渡。

二、中共十二大至十三大期间

从党的十二大召开到党的十四大召开前的这一时期，属于中国特色社会主义法律体系蓬勃发展期。十一届三中全会后，党和国家的工作重心逐渐转移到经济建设上，而经济体制的改革必然要有法律制度上的配套设施，且随着经济改革的深入，这种要求愈加迫切愈加细微。因此，这个阶段的特点较为明显，即围绕经济建设这一中心点，构造全方位的法律体系，确保经济发展具备稳定的社会秩序和各方面的支持，进而不断完善相应的立法机制、立法程序和立法机构。

在这期间，国家领导人再次强调了经济建设的重要性，并指出要建立比较完备的经济法规体系。1982 年 9 月 1 日，党的十二大在北京召开，邓小平同志主持了大会开幕式，他对新中国成立以来的历史经验做出深刻总结，且正式提出"建设中国特色的社会主义"的命题。胡耀邦则在大会上作了《全面开创社会主义现代化建设新局面》的报告，在主张促进社会主义经济与社会主义精神文明进步、坚持独立自主的对外政策、坚持以党为领导核心的同时，特别强调了建设高度的社会主义民主的重要性，团结全国各族人民，自力更生，艰苦奋斗，逐步实现工业、农业、国防和科学技术的现代化，把我国建设成为具有高度文明、高度民主的社会主义现代化强国。民主与法制成为中国改革过程中的重要议题，我们党要领导人民继续制定和完备各种法律，要把更多的经济关系和经济活动的准则用法律的形式固定下来，使法律成为调节经济关系和经济活动的重要手段，要力争在"七五"期间建立起比较完备的经济法规体系，逐步使各项经济活动都能有法可依。

1987 年 10 月，党的十三大召开，时任领导人向大会作了《沿着有中国特色的社会主义道路前进》的工作报告，主要阐述了历史性成就、社会主义初级阶段和党的基本路线、经济发展战略、经济体制改革、政治体制改革、在改革开放中加强党的建设、争取马克思主义在中国的新胜利等问题。同时，明确提出了党在社会主义初级阶段的基本路线：领导和团结各族人民，以经济建设为中心，坚持四项基本原则，坚持改革开放，自力更生，艰苦创业，为把我国建设成为富强、民主、文明的社会主义现代化国家而奋斗。该路线可概括为"一个中心，两个基本点"，即以经济建设为中心，坚持四项基本原则，坚持改革开放。同时，法制建设必须贯穿于改革的全过程；法制建设必须保障建设和改革的秩序，使改革的成果得以巩固；应兴应革的事情，要尽可能用法律或制度的形式加以明确。

中共十二大、十三大所确立的方针与任务无疑进一步推动了服务经济的制度的发展，新兴的经济活动均有法可依，经济法规体系得以完善。在国家基本法方面，随着改革开放的深入，现有的经济类型无法适应市场经济的发展，因此对宪法进行了第一次修改，土地使用权开始进入依法转让的范围，经济所有制中的非公有制经济的法律地位得以明确。针对新兴的经济活动或随市场变化而内涵质变的原有经济关系，则修改旧法或制定了新的法律。如改革开放带来了外来资本，外来资本或单独注册企业，或与本国资本组成合资企业，这一类的法律关系超出现有法律的调整范围，因此有必要重新立法。由此，《中华人民共和国中外合资经营企业法》（修正）、《中华人民共和国外资企业法》《中华人民共和国中外合作经营企业法》相继出台，在允许外国的企业和其他经济组织或者个人等外国投资者在中国境内举办企业的同时，设立各项条件与程序，确保外国投资者的合法权益以及中国国民经济的发展。又如知识产权领域，中国原先并不注重知识产权的保护，一方面是出于创造发明确实有限，另一方面则是出于中国传统文化中的世界大同与共享因素。但随着中国对教育、科技的愈发重视，越来越多的技术、发明开始出现，且国外早已建立了知识产权保护体系，中国不得不构建知识产权法体系，以此减少因知识产权而产生的社会纠纷。故《中华人民共和国专利法》《中华人民共和国著作权法》相继出台，并签订了《保护知识产权巴黎公约》。此外，还制定了《中华人民共和国全民所有制工业企业法》《中华人民共和国涉外经济合同法》《中华人民共和国技术合同法》《中华人民共和国海商法》《中华人民共和国税收征收管理法》《中华人民共和国土地管理法》等经济法律法规。为保证经济体制改革的顺利推进，国务院获得了授权，有权在经济体制改革和对外开放层面制定暂行条例，这其中还包括税收。为保障各类民事主体在民事活动中的合法权益，同时确保在改革开放过程中运用法律手段管理经济，《中华人民共和国民法通则》《中华人民共和国民事诉讼法》《中华人民共和国继承法》等一批民事法律得以制定。但是市场经济中充斥着太多的不安定因素，甚至可能对其他民事主体乃至国民经济造成巨大的损害，因此还有必要在经济方面采取刑罚的手段，将部分经济违法行为纳入刑法的管辖范围。为了打造良好的社会环境与经济秩序，《关于严惩严重危害社会治安的犯罪分子的决定》《关于迅速审判严重危害社会治安的犯罪分子的程序的决定》以及一批关于惩治各类犯罪的决定和刑法补充规定得以制定。

　　除此之外，为了适应推进政治体制改革、实现人民当家作主权利的需要，制定了一批国家机构和保障公民权利方面的法律，包括制定了民族区域自治法、村民委员会组织法、城市居民委员会组织法、行政诉讼法、代表法、集会游行示威法等，修改了选举法、地方组织法、人民法院组织法、人民检察院组织法等。为适应保护人民群众权益的需要，制定了工会法、残疾人保障法、未成年人保护法、妇女权益保障法、矿山安全法、传染病防治法等。为了适应保护环境、合理开发利用保护自然资源的需要，制定了一批环境和资源保护方面的法律，包括环境保护法、水污染防治法、大气污染防治法、矿产资源法、水法、草原法、渔业法、森林法等。为了贯彻"一国两制"方针，维护国家的统一和领土完整，保持香港的繁荣和稳定，所以根据宪法制定了香港特别行政区基本法等。此外，还制定了一批规范经济管理、发展教育事业、推进军队现代化和正规化建设、加强社会管理等方面的法律。据统计，这个阶段全国人大及其常委会制定或者修改法律110多件，有关法律问题的决定40多件。

三、中共十四大至十五大期间

在邓小平南方视察发表重要谈话、党的十四大召开到党的十五大召开前后，中国特色社会主义法律体系的框架初步形成，即大致可分为宪法及宪法相关法、民法商法、行政法、经济法、社会法、刑法、诉讼与非诉讼程序法等七个部分。每个部门法围绕着经济建设，同时每个部门法内部的中心也得以确定，只需要在坚持系统整体化及各部门法中心的前提下完成各项立法工作。

国家领导人在该期间继续重申法治的重要性，并强调在完善法律体系的前提下建立社会主义市场经济体制。1992年，邓小平视察南方并发表著名的南方谈话，强调坚持两手抓，两手都要硬，一手抓改革开放，一手抓打击各种犯罪活动。在整个改革开放过程中都要反对腐败。对干部和共产党员来说，廉政建设要作为大事来抓。此外，在整个改革开放过程中，必须始终坚持四项基本原则，反对资产阶级自由化。南方谈话为随后的十四大奠定了基调，党的十四大提出："要高度重视法制建设，加强立法工作，特别是抓紧制定与完善保障改革开放、加强宏观经济管理、规范微观经济行为的法律法规，这是建立社会主义市场经济体制的迫切要求"。党的十四届三中全会进一步提出："社会主义市场经济体制的建立和完善，必须有完备的法制来规范和保障。要高度重视法制建设，做到改革开放与法制建设的统一，学会运用法律手段管理经济"；要"遵循宪法规定的原则，加快经济立法，进一步完善民商法律、刑事法律、有关国家机构和行政管理方面的法律，20世纪末初步建立适应社会主义市场经济的法律体系"。

1993年3月29日，第八届全国人民代表大会第一次会议通过了宪法修正案。此次修正案以社会主义市场经济为背景，对国有经济的地位进行了确认，并明确国家实行社会主义市场经济，在农村实行家庭联产承包责任制，同时加强经济立法和国家宏观调控，依法禁止任何组织或者个人扰乱社会经济秩序。在围绕经济改革的同时再次强调要坚持中国共产党的领导，在马克思列宁主义、毛泽东思想指引下，坚持人民民主专政，坚持社会主义道路，坚持改革开放，不断完善社会主义的各项制度，发展社会主义民主，健全社会主义法制。

作为对宪法以及国家政策中关于社会主义市场经济表述的回应，经济方面的立法成为立法机构的第一要务，建立社会主义市场经济法律体系框架迫在眉睫。因此，该阶段的经济立法在数量上层出不穷，在质量上也进步明显。根据统计，在这期间所制定的法律包括《中华人民共和国消费者权益保护法》《中华人民共和国城市房地产管理法》《中华人民共和国广告法》《中华人民共和国拍卖法》《中华人民共和国担保法》《中华人民共和国公司法》《中华人民共和国预算法》《中华人民共和国合伙企业法》《中华人民共和国价格法》《中华人民共和国审计法》《中华人民共和国商业银行法》《中华人民共和国中国人民银行法》《中华人民共和国仲裁法》《中华人民共和国农业法》《中华人民共和国反不正当竞争法》《中华人民共和国电力法》《中华人民共和国对外贸易法》《中华人民共和国劳动法》《中华人民共和国票据法》《中华人民共和国公路法》《中华人民共和国建筑法》等多部法律，既包括对各类经济关系主体的管制，也包括对相关行业的扶持，还包括国家对经济关系的调整等。

在此时期其他方面的法律也得到了较大发展。在刑事领域，刑法开始了全面修订，《中华人民共和国刑法》最终确定，其建立在过去多年的刑法实践经验的基础上，着重打击犯罪以保障社会秩序，并针对破坏社会主义市场经济秩序设置了专章，这无疑有利于社会主义市场经济的良好发展。《中华人民共和国刑事诉讼法》也得到完善，更加注重保护公民的权利以及准确、及时查明犯罪事实。此外，包括《中华人民共和国行政处罚法》《中华人民共和国教育法》《中华人民共和国大气污染防治法》《中华人民共和国国防法》《中华人民共和国行政监察法》《中华人民共和国教师法》《中华人民共和国固体废物污染环境防治法》《中华人民共和国促进科技成果转化法》《中华人民共和国国家赔偿法》《中华人民共和国人民警察法》《中华人民共和国职业教育法》《中华人民共和国法官法》《中华人民共和国科学技术进步法》等法律得以制定，涵盖环境、科教文卫、国防等各个方面，这些法律对社会稳定秩序的维护、健康安全生活环境的保障、科学技术的发展等具有重大的促进作用。

这段时期立法工作的计划性和主动性得到极大加强，围绕市场经济方面的立法项目为中心，在结合实地调查研究与理论预设规划的基础上，根据社会实际需要主动制定法律。在立法工作有明确目标的同时，结合现实情况的变化而突出重点，且通过各方面的保障措施确保相关立法计划的实现。此外，这段时期的立法工作深刻体现了群众路线，即在全面了解人民群众真实想法的基础上进行相关立法。

正如学者所说："在此后的 20 余年间，全国人大及党委会共制定了 350 多部法律，国务院颁布了 800 多部行政法规，平均每 20 天左右制定一部新法律，每不到 10 天出台一部行政法规，这在新中国的立法史上是前所未有的。"在这一阶段，法律迎来了数量和质量的双重提高，中国特色社会主义法律体系框架已然初具规模。但距离基本形成尚存在一定的距离，毕竟诸多部门法只是建构了基本体系，很多细枝末节的领域尚未介入，这就导致法律在部分区间上存在失位，需要进一步的研究与摸索。

四、党的十五大至 2010 年底

从党的十五大召开至 2010 年底，中国特色社会主义法律体系得到了全面的发展，制度上不断完善并予以创新，思想上不断进步并结合实际，最终基本完成了改革开放后的法律体系重构工作。这一阶段立法工作的核心是贯彻依法治国方略，围绕该方略将立法数量与质量提上新的台阶，随后全面贯彻落实科学发展观的要求，抓紧制定在法律体系中发挥主导作用的法律，着重解决存在立法困难而又迫切需要的法律。与此同时，对现行法律法规进行全面清理，使法律体系更加科学和谐统一，使科学立法、民主立法迈出新步伐。

这一阶段服务经济的立法工作则主要体现为宪法修正案和诸多新领域立法的开展。1999 年的宪法修正案主要是基于经济体制改革的深入而制定的，其内容以自然以经济为主。首先，鉴于国家处于社会主义初级阶段，那么该阶段的基本经济制度和分配制度就应当在国家基本法中得以确定，如此则有利于全国人民在改革开放和社会主义现代化建设过程中明确发展方向。其次，农村集体经济的基本情况发生变化，传统的家庭承包经营无法满足市场的要求，必须统分结合，故增加了"农村集体经济组织实行家庭承包经营为基础、统分结合的双层经营体制"的规定。由此，新型的家庭联产承包责任制的法律地位得以确定，农村集体经济在此保障下得以长期发展。最后，非公有制经济在国民经济中扮演的角色愈发重要，因此进一步明确了个体经济、私营经济等非公有制经济在我国社会主义市场经济中的地位和作用，这有利于个体经济、私营经济等非公有制经济的健康发展。

在其他领域的立法，主要针对的是中国改革开放以来所未能解决的最根本、最深层的问题，也是与人民的生活最为密切最为相关的法律。如在经济建设方面，制定了《中华人民共和国合同法》《中华人民共和国证券法》《中华人民共和国招标投标法》《中华人民共和国信托法》《中华人民共和国个人独资企业法》《中华人民共和国涉外民事关系法律适用法》《中华人民共和国银行业监督管理法》等，修改了《中华人民共和国海关法》《中华人民共和国产品质量法》《中华人民共和国会计法》《中华人民共和国税收征收管理法》《中华人民共和国专利法》《中华人民共和国商标法》《中华人民共和国著作权法》等。在环境保护方面，制定了《中华人民共和国海域使用管理法》《中华人民共和国防沙治沙法》《中华人民共和国环境影响评价法》《中华人民共和国清洁生产促进法》《中华人民共和国可再生能源法》《中华人民共和国循环经济促进法》《中华人民共和国海岛保护法》，修改了土地、水资源、大气、草原等方面的保护法等。在科教文卫方面，由于教育的重要性愈发凸显，民办教育促进法、高等教育法、国防教育法等一批教育法律得以制定或者修改；而随着生活水平的提高，医疗卫生也成为需要重点关注的领域，《中华人民共和国执业医师法》和《中华人民共和国药品管理法》相继出台。在社会法方面，制定了人口与计划生育法、安全生产法、职业病防治法；为解决日常生活争议而制定了人民调解法、劳动争议调解仲裁法；为建立社会保障体系，出台了《中华人民共和国劳动合同法》《中华人民共和国社会保险法》《中华人民共和国食品安全法》等；此外，还专门修改了保护妇女和未成年人的《中华人民共和国义务教育法》《中华人民共和国妇女权益保障法》《中华人民共和国未成年人保护法》等。在刑事领域，对刑法有关规定进行了修改，通过了一批刑法修正案和刑法解释，结合实际将部分新兴的犯罪行为纳入打击范围。在国家主权方面，为解决台湾问题并把党和国家对台湾的基本政策通过法律的形式固定下来，《中华人民共和国反分裂国家法》得以制定，同时还进一步解释了香港基本法，从而确保这一块意识形态存在差异的领土在党的领导下稳步发展，也推进基本法在香港地区的贯彻实施。

五、依法治国的确立

随着社会经济体制改革的深入、民主政治建设的稳步推进以及各项社会事业的蓬勃开展，党如何领导全国人民走向更稳定、更有保障的安定生活成为必须面对的议题，党有必要考虑在日渐复杂的社会关系中采取什么样的方式才能有效处理各方面的纠纷。在此背景下，党的十五大明确提出"依法治国，建设社会主义法治国家"，并把依法治国确立为党领导人民治理国家的基本方略，将"加强立法工作，提高立法质量，到 2010 年形成有中国特色社会主义法律体系"作为首要立法目标。由此可见，我们党选择了法治的方式来确保更好地发展社会主义市场经济、推动社会全面进步和实现国家长治久安。在该基本方略的指导下，全国人大及其常委会进一步加强和改进立法工作，在立法前期调研上，集中力量对中国特色社会主义法律体系进行全面探讨，从理论和实践两个角度明确建设该体系及某一法律的主要任务和落实措施；在立法规划上，从实际出发建立科学的立法计划，将修改法律与制定法律置于同等地位，将市场经济法律与其他部门法律一视同仁；在具体的立法工作上，坚持立法与政策相结合，尊重立法工作自身的规律，既要眼光长远而节省立法成本，又要立足现实而贴近生活，从而步步为营以构建具有中国特色的社会主义法律体系。

1999 年九届全国人大二次会议通过的宪法修正案规定进一步明确了"依法治国"的基本方略。先是增加了"邓小平理论"的内容，确立了"邓小平理论"在国家生活中的指导地位；再是将"依法治国，建设社会主义法治国家"写进宪法，对于坚持依法治国的基本方略，不断健全社会主义法制，发展社会主义民主政治，促进经济体制改革和经济建设意义重大。

2002 年党的十六大报告中再次明确指出："依法治国是党领导人民治理国家的基本方略。"并且提出全面建成小康社会的任务，而"社会主义民主更加完善，社会主义法制更加完备，依法治国基本方略得到全面落实"则作为全面建成小康社会的重要指标，同时重申了到 2010 年形成中国特色社会主义法律体系的目标和任务。全面建成小康社会这个社会工程涉及经济、政治、文化等诸多方面，既要求人民的物质文化生活达到一定水平，又追求人民的精神文化生活实现一定的标准，而法治文明无疑也是其中的重要组成部分。

2004 年 3 月，十届全国人大二次会议顺利召开，这次会议审议通过了宪法修正案草案，其主要内容包括：第一，"三个代表"重要思想在国家政治和社会生活中的指导地位得以确立，由此，党的十六大所确定的重大理论观点和重大方针政策以宪法的形式固定下来；第二，国家鼓励、支持和引导非公有制经济的发展、公民合法的私有财产不受侵犯、国家尊重和保障人权并建立健全和与经济发展水平相适应的社会保障制度。这充分体现了党和国家对指导思想以及人民权利的高度重视，成为我国宪政史上又一重要里程碑。

2007年，党的十七大顺利召开，胡锦涛同志在十七大报告中首次提出弘扬法治精神，强调"全面落实依法治国基本方略，加快建设社会主义法治国家。依法治国是社会主义民主政治的基本要求。要坚持科学立法、民主立法，完善中国特色社会主义法律体系。加强宪法和法律实施，坚持公民在法律面前一律平等，维护社会公平正义，维护社会主义法制的统一、尊严、权威。推进依法行政。深化司法体制改革，优化司法职权配置，规范司法行为，建设公正高效权威的社会主义司法制度，保证审判机关、检察机关依法独立公正地行使审判权、检察权。加强政法队伍建设，做到严格、公正、文明执法。深入开展法制宣传教育，弘扬法治精神，形成自觉学法守法用法的社会氛围。尊重和保障人权，依法保证全体社会成员平等参与、平等发展的权利。各级党组织和全体党员要自觉在宪法和法律范围内活动，带头维护宪法和法律的权威"。

总而言之，"依法治国"基本方略的提出以及立法工作的全面开展与完善均是为了实现2010年法律体系形成这一基本目标。基于确保如期形成中国特色社会主义法律体系的考虑，从2008年开始，全国人大法律委员会和全国人大常委会法制工作委员会牵头，其他专门委员会和工作机构以及国务院、中央军委、最高人民法院、最高人民检察院等机构，按照各自的清理范围和任务分工，对职责范围涉及的法律进行全面梳理分析，查找存在的问题，提出了近2000条清理意见和建议。全国人大法律委、法工委对这些意见和建议进行了汇总、整理和分类，并在广泛听取意见、反复研究论证的基础上，区分不同情况，提出了分类处理的建议：一是废止部分法律，二是用一揽子"打包"方式修改一批法律规定，三是要求国务院和有关方面尽快制定现行法律的配套法规。2011年3月10日，全国人民代表大会常务委员会委员长吴邦国同志向十一届全国人民代表大会四次会议作全国人大常委会作工作报告时庄严宣布，"一个立足中国国情和实际、适应改革开放和社会主义现代化建设需要、集中体现党和人民意志的，以宪法为统帅，以宪法相关法、民法商法等多个法律部门的法律为主干，由法律、行政法规、地方性法规与自治条例、单行条例等三个层次的法律规范构成的中国特色社会主义法律体系已经形成"。

党的十八大以来，统筹推进"五位一体"总体布局、协调推进"四个全面"战略布局，"十二五"规划胜利完成，"十三五"规划顺利实施，党和国家事业全面开创新局面。在全面依法治国上，经过长期不懈努力，中国特色社会主义法律体系已经形成，法治政府建设稳步推进，司法体制不断完善，全社会法治观念明显增强，中国特色社会主义法治取得历史性成就。

十九大报告阐述了构成新时代坚持和发展中国特色社会主义的基本方略的十四个方面。其中，在坚持依法治国方面，提出必须把党的领导贯彻落实到依法治国的全过程和各方面，坚定不移走中国特色社会主义法治道路，完善以宪法为核心的中国特色社会主义法律体系，建设中国特色社会主义法治体系，建设社会主义法治国家，发展中国特色社会主义法治理论，坚持依法治国、依法执政、依法行政共同推进，坚持法治国家、法治政府、法治社会一体建设，坚持依法治国和以德治国相结合，依法治国和依规治党有机统一，深化司法体制改革，提高全民族法治素养和道德素质。从中可以看出法治建设相关内容，一是强调全面推进依法治国，必须坚定不移走中国特色社会主义法治道路。简单地说，就是坚持党的领导、中国特色社会主义制度和中国特色社会主义法治理论。这三个方面实质上是中国特色社会主义法治道路的核心要义，规定和确保了中国特色社会主义法治体系的制度属性和前进方向。中国特色社会主义法治道路，是社会主义法治建设成就和经验的集中体现，是建设社会主义法治国家的唯一正确道路，在走什么样的法治道路问题上，必须向全社会释放正确而明确的信号，指明全面推进依法治国的正确方向，统一全党全国各族人民的认识和行动。

建设社会主义法治国家既是实现国家治理体系和治理能力现代化的必然要求，也是全面深化改革的必然要求，有利于在法治轨道上推进国家治理体系和治理能力现代化，有利于在全面深化改革总体框架内全面推进依法治国的各项工作，有利于在法治轨道上不断深化改革。十九大报告提出完善以宪法为核心的中国特色社会主义法律体系，建设中国特色社会主义法治体系。全面推进依法治国涉及很多方面，在实际工作中必须有一个总揽全局、牵引各方的总抓手，这个总抓手就是建设中国特色社会主义法治体系，依法治国各项工作都要围绕这个总抓手来谋划和推进，建设中国特色社会主义法治体系，包括形成完备的法律规范体系、高效的法治实施体系、严密的法治监督体系、有力的法治保障体系，由此形成完善的党内法规体系。

按照十九大报告的要求，全面依法治国，必须坚持厉行法治，推进科学立法、严格执法、公正司法、全民守法。为此，全国人大及其常委会和有立法权的国家机关要担负起宪法实施职责，深入推进科学立法、民主立法、依法立法；全国人大及其常委会要加强对宪法和法律实施情况的监督检查，健全监督机制和程序，坚决纠正违宪违法行为；地方各级人大及其常委会要依法行使职权，保证宪法和法律在本行政区域内得到遵守和执行。各级政府作为国家权力机关的执行机关和国家行政机关，负有严格贯彻实施宪法和法律的重要职责，要规范政府行为，切实做到严格规范公正文明执法，维护公共利益、人民权益和社会秩序。深化司法体制综合配套改革，必须完善司法管理体制和司法权力运行机制，规范司法行为，加强对司法活动的监督，全面落实司法责任制，努力让人民群众在每一个司法案件中感受到公平正义。

十九大报告中提出加大全民普法力度，建设社会主义法治文化，"树立宪法法律至上""法律面前人人平等"的法治理念，其中，"宪法法律至上"的提法与习近平总书记2012年12月4日在首都各界纪念现行宪法公布实施30周年大会上强调的"依法治国首先是依宪治国，依法执政首先是依宪执政"是一脉相承的，而依宪治国实质上就是要坚持"党的领导、人民民主与依法治国"的有机统一。

十九大报告提出制定国家监察法，依法赋予监察委员会职责权限和调查手段，用留置取代"两规"措施。因此，除暂停相关法律在试点地区实施外，全面推开监察体制改革后，应制定《国家监察法》，明确在人大制度下我国监察权的性质和法律地位，规定行使监察权应遵循的原则，明确监察对象的范围、对调查"宽打窄用"（调查手段要宽、调查决策要严）的要求，规定监委会履行监督、调查、处置职权以及监委会可采取的谈话、讯问、询问、查询、冻结、调取、查封、扣押、搜查、勘验检查、鉴定、留置等12项相关措施。

第三节　经济类案件中的法治文明

制度层面上，与立法成果的丰硕相对应的是，司法层面关于经济类的案件亦逐年增多。随着社会主义市场经济的深入发展，一方面，平等民事主体在从事经济活动的过程中产生的纠纷越来越多；另一方面，部分市场主体为经济利益所驱使，以身试法而触犯相关的经济法律法规，不得不面临行政处罚甚至刑事处罚。因此，法治为经济服务的另一个表现便开始凸显，即通过司法来调整经济活动中偏离既定轨道的行为，利用各方主体之间利益关系平衡来确保社会经济秩序的稳定，对于违背市场经济原则和市场经济法律法规的行为予以坚决制止，并对相关人员进行惩罚。

自 1977 年至今，人民法院以保障社会公正为己任，坚持为大局服务，取得了有目共睹的成就。全国法院共审（执）结各类案件 1.72 亿余件，占新中国成立以来审（执）结案件总数的 86.00%。其中，刑事案件 2070 万余件；民事案件 10147 万余件；1987 年开始试点建立行政审判庭以来，共审结行政案件 184 万余件；1994 年颁布《中华人民共和国国家赔偿法》（以下简称《国家赔偿法》）以来，共审结国家赔偿案件 2.7 万余件；1983 年开始实行审执分立机制以来，共依法办理执行案件 3821 万余件；1988 年以来，共审结申诉、申请再审案件 229 万余件；1983 年以来，共办理减刑、假释案件 751 万余件。

在历年审结的案件中，涉及经济的案件不在少数。首先，就刑事案件来看，改革开放初期，由于政治层面上的思想政治工作和防护措施未能及时与经济体制改革相配套，贪污受贿以及盗窃或挪用国家和集体财产等严重危害国家、集体和他人财产的经济犯罪活动呈迅速上升趋势。经济领域的犯罪，直接造成了国家财产的损失，并严重阻碍了经济的平稳发展，且公务员队伍因此而遭受侵蚀，一部分干部未能以身作则，党和国家的声誉遭受到严重的破坏。在党的十二大上，邓小平同志强调，要抓紧"打击经济领域和其他领域破坏社会主义的犯罪活动"。按照党中央、全国人大常委会的有关决定，全国各级人民法院针对经济犯罪迅速展开了专项审判活动，并取得了令人惊叹的成就。1982 年 1 月到 9 月期间，依法严惩经济犯 2.6 万余人；但 1982 年到 1985 年年底，各类经济犯罪案件以及相关罪犯的数量便急剧上升，全国各级人民法院累计共审结 18.3 万余件案子，判处 22.4 万多名罪犯。

其次，就民事案件而言，经济类案件也占据了极大比例，且随着经济的发展呈现出不同的态势。1979 年至 1999 年全国法院共审结民事案件 5308.07 万件，年均 252.77 万件。其中经济纠纷案件 1315.91 万件，年均 77.41 万件。随着社会主义市场经济体制的建立和完善，经济审判快速发展，新的案件类型不断涌现。1986 年开始对知识产权案件进行统计，当年共审结知识产权案件 85 件，1999 年知识产权案件 1098 件，到了 2008 年已达到 22308 件。1988 年增加对交通运输经济案件的统计，到 1992 年不再单独对其统计止共审结 17799 件。1992 年增加对海事海商案件的详细统计，到 2002 年将其归入大民事止共审结 37347 件。

总之，"文化大革命"结束后，国家经济形势迫切要求改革开放，经济工作开始成为党和国家的工作重心，社会经济关系也随之相应变化，从而酿造出诸多经济纠纷。在此背景下，人民法院的经济审判必定根据需要而产生，1979 年 7 月 1 日，五届全国人大二次会议通过的《人民法院组织法》明确规定：最高人民法院、高级人民法院、省辖市和省、自治区辖市的中级人民法院设立经济审判庭。经济案件开始成为独立的一种类型，甚至司法统计也依此进行革新，从 1983 年开始，经济案件单独进行统计，不再与一般民事案件相混同，直到 2001 年"大民事"整合结束。司法层面对经济类案件的重视，也确实为保障国家经济健康有序发展以及推进全社会的反腐败斗争发挥了巨大作用。

全面依法治国是国家治理的一场深刻革命。必须在党的领导下，从我国实际出发，发挥政治优势，遵循法治规律，与时俱进提升理念观念，创新体制机制，全面深化依法治国实践。

坚持以党的领导为根本保证，完善全面依法治国领导体制。党的十九大报告提出："成立中央全面依法治国领导小组，加强对法治中国建设的统一领导"。这是以习近平同志为核心的党中央高瞻远瞩、审时度势做出的重大决定。当前，全面依法治国进入系统推进的新阶段，坚持依法治国、依法执政、依法行政共同推进，坚持法治国家、法治政府、法治社会一体建设，需要加强党的集中统一领导，做好整体谋划、衔接配套。同时，法治领域改革进入深水区，会遇到更多难啃的硬骨头，需要充分发挥党的领导优势，统筹各方面资源力量，形成攻坚克难的合力。我们要深刻认识成立中央全面依法治国领导小组的重大意义，更好发挥党总揽全局、协调各方的领导核心作用，确保法治建设沿着正确方向前行。

坚持把全面贯彻实施宪法作为首要任务，切实加强宪法实施和监督。党的十九大报告要求，加强宪法实施和监督，推进合宪性审查工作，维护宪法权威。合宪性审查是保证宪法有效实施的关键制度。要严格落实宪法规定，健全中国特色合宪性审查机制，确保违宪行为及时得到纠正和追究。完善规范性文件备案审查制度，把所有规范性文件纳入备案审查范围，坚决纠正和撤销违宪违法的规范性文件。实施国家宪法日和宪法宣誓制度，增强全体公民特别是国家公职人员的宪法意识。

坚持以良法善治为基本取向，加快法治中国建设步伐。党的十九大报告提出"以良法促进发展、保障善治"。良法是善治的前提。只有依据反映客观规律、体现人民意志、解决实际问题的良法治理国家，才能促进经济发展、政治清明、文化昌盛、社会和谐、生态美丽。善治是法治的目标。全面依法治国，就是要实现权利有保障、权力受制约、违法必追责、正义可预期、公平看得见的善治状态，促进人民安居乐业、社会安定有序。深化依法治国实践，必须把良法善治的要求贯彻到法治建设全过程和各方面，充分发挥社会主义法治的优越性，让法治成为国家的核心竞争力。

坚持把抓住"关键少数"作为重要方法，发挥党员、干部的模范带头作用。党领导立法、保证执法、支持司法、带头守法，要通过各级党组织和全体党员的具体行动来实现。党的十九大报告提出："各级党组织和全体党员要带头尊法学法守法用法，任何组织和个人都不得有超越宪法法律的特权，绝不允许以言代法、以权压法、逐利违法、徇私枉法。"党组织和党员、干部既要坚持高标准，更要守住底线，在厉行法治上当模范、做表率，带头强化对法治的追求、信仰和执守，真正将法治思维和法治方式变成想问题、办事情的思想自觉和行为习惯。

全面依法治国不仅是国家政局稳定的重要保证，还是吸引外国投资者的重要条件。法治还可增强外国人对中国发展的信心，无论他们是旅游或是长期定居。全面依法治国既是对违法违纪行为的有力震慑，也是惩治贪腐、促进社会发展的有效手段。此外，法治还是保障人民合法权益、推进改革开放的重要体现。全面推进依法治国是中国经济快速发展和增强国际影响力的重要保证。

中国政府全面推进依法治国，制定多项制度和措施，不但有效促进了经济发展、提高了政策透明度，而且推进了司法及法律体系建设，加快建设法治中国。不难看出，这些政策措施既能增强国民对国家制度的信心，也将有助于中国树立更好的海外形象。

第四节   法治发展的总体表现

服务经济的法治发展过程实则是中国特色社会主义法律体系的发展过程，它以 1978 年十一届三中全会为契机，跟随改革开放的浪潮而实现了自我的升华。毋庸置疑，这一时期的法治发展迅速，从"无法无天"的混乱状态转变为以宪法为核心的科学法律体系状态，无论是思想意识层面，抑或是制度、实践层面都获得了质的飞跃。中国开始步入一个法制社会，从国家决策的大事到民间纠纷的小事都有对应的法律法规进行调整，立法机构根据实际需要而制定新法律或完善旧法律，执法机构则严格依照相关实体及程序法而履行自身的职责，司法机构秉持公正独立予以判断，社会各个层面逐步被纳入法律体系管辖的范围中，既反映着中国专制意识式微，也体现着法制意识的变迁与法治观念的凸显。就该时期法治发展的总体表现而言，其主要体现在五个方面。

一、法治思想占据意识形态主流

从人治到法治的转型，必须从根本思想上扭转原先的错误意识，即改变国民深层次潜意识中的个人崇拜因子而代之以法治思想，面对无序与规则而毅然选择后者。十一届三中全会后，解放思想运动得以大力推广，法治思想逐步占据意识形态主流。

十一届三中全会期间，邓小平提出了"发展社会主义民主，健全社会主义法制"的思想，他认为："为了保障人民民主，必须加强法制。必须使民主制度化、法律化，使这种制度和法律不因领导人的改变而改变，不因领导人的看法和注意力的改变而改变。现在的问题是法律很不完备，很多法律还没有制定出来。往往把领导人说的话当作'法'，不赞成领导人说的话就叫作'违法'，领导人的话改变了，'法'也就跟着改变。所以应该集中力量制定刑法、民法、诉讼法和其他各种必要的法律……经过一定的民主程序讨论通过，并且加强检察机关和司法机关，做到有法可依、有法必依、执法必严、违法必究。……总之，有比没有好，快搞比慢搞好"。他同时指出，新中国成立后相当长一段时间缺乏民主，其根本原因就是法律在监督制约上的失位，国家领导人在部分场合的意见具备了指令的效力，法随着领导人的意志变化而变化。"我们过去发生的各种错误，固然与某些领导人的思想、作风有关，但是组织制度、工作制度方面的问题更重要，这些方面的制度好可以使坏人无法任意横行，制度不好可以使好人无法充分做好事，甚至会走向反面。即使像毛泽东同志这样伟大的人物，也受到一些不好的制度的严重影响，以至对党对国家对他个人都造成了很大的不幸。……斯大林严重破坏社会主义法制，毛泽东就讲过，这样的事件在英、法、美这样的西方国家不可能发生。他虽然认识到这一点，但是由于没有在实际上解决领导制度问题以及其他一些原因，仍然导致了'文化大革命'的十年浩劫，这个教训是极其深刻的。不是说个人没有责任，而是说领导制度、组织制度问题带有根本性、全局性、稳定性和长期性。这种制度问题，关系到党和国家是否改变颜色，必须引起全党的高度重视"。

这一时期法律思想实现了工具论与目的论相统一，这不仅体现在国家继承和发展了建国早期无产阶级工具论的法律观，使法律真正发挥了它在实现人民民主和促进社会发展等方面的工具作用，更体现在国家把法律当作实现社会主义现代化的目标来看待，从而使社会主义的法律兼具工具论和目的论相统一的特性，尤其是目的论的法律观，更体现了社会主义法治思想的高度。在法律思想方面法制和法治是合二为一的，前者重视的是法律的制度性建设和手段性价值功能，后者倾向的是法律的观念性建设和目标性价值功能。

随着改革开放的进一步深入，法治主义的法理念以及"法律至上"的法治原则开始成为意识形态中较为鲜明的一部分。所谓法理念，即人们对法的认识与看法，什么是法，其本质与特征又是什么。人民在思想解放过程中认真考虑"法"，将这一曾经被抛弃的概念重新放回自身的意识之中，深刻反省无法的后果以及有法的益处。前后明显的对比使得法理念在人民心中沉淀，从而形成相对稳定的法治印象，即法是社会所必要的，它是社会秩序保持稳定与人民自身权益得以保证的根本保障。"法律至上"原则则是建立在法理念基础之上的，人民在认识到法的作用之后，自然偏向于用这统一的标准来抹平人与人之间社会地位、财富等方面的差距，追求在法律面前人人平等，将法律作为至上的规则。由此一来，各项特权在法律面前将不复存在，"越是高级干部子弟，越是高级干部，越是名人，他们的违法事件越要抓紧查处，因为这些人影响大，犯罪危害大"，而领导人的指示、上级机关的命令等均属于更低的效力位阶。

二、立法数量与质量稳步提高

法治思想在制度层面的映射便是立法数量与质量的稳步提高，一元化多层次的立法体制，立法程序日臻完善，立法技术日趋成熟，法律体系初具规模。十一届三中全会以后，我国法制建设的立法成就有目共睹，到 1997 年年底，全国人大及其常委会制定、修改法律和做出有关法律问题的决定 328 个（其中制定法律约 160 多部，修改和做出补充法律的决定约 70 个，做出有关法律问题的决定 89 个）。国务院制定的行政法规 770 个，地方人大及其常委会制定地方性法规 5200 多个。

除宪法之外，这一时期的立法主要集中在七个方面。第一，有关国家制度建设及国家组织机构的法律，主要包括《中华人民共和国全国人民代表大会和地方各级人民代表大会选举法》《中华人民共和国全国人民代表大会组织法》《中华人民共和国国务院组织法》《中华人民共和国人民法院组织法》《中华人民共和国民族区域自治法》《中华人民共和国全国人民代表大会和地方各级人民代表大会代表法》《中华人民共和国人民警察法》《中华人民共和国香港澳门特别行政区基本法》等。第二，对外开放方面，主要有《中华人民共和国中外合资经营企业所得税法》《中华人民共和国中外合作经营企业法》《中华人民共和国涉外经济合同法》《中华人民共和国外资企业法》《中华人民共和国进出口商品检验法》《中华人民共和国领海及毗邻区法》等。

第三，民商事领域，有《中华人民共和国民法通则》《中华人民共和国民事诉讼法》《中华人民共和国婚姻法》《中华人民共和国继承法》《中华人民共和国经济合同法》《中华人民共和国海商法》《中华人民共和国收养法》等。第四，刑事与社会治安领域，包括《中华人民共和国刑法》《中华人民共和国刑事诉讼法》《中华人民共和国治安管理处罚条例》《中华人民共和国居民身份证条例》《中华人民共和国保守国家秘密法》《中华人民共和国国家安全法》《中华人民共和国监狱法》《中华人民共和国逮捕拘留条例》。第五，军事方面，主要有《中华人民共和国兵役法》《中华人民共和国人民防空法》《中华人民共和国香港驻军法》《中华人民共和国预备役军官法》《中华人民共和国现役军官服役条例》《中华人民共和国军事设施保护法》《中华人民共和国国防法》等。第六，有关行政行为和公民基本权利保护方面的法律，如《中华人民共和国行政处罚法》《中华人民共和国国家赔偿法》《中华人民共和国行政诉讼法》《中华人民共和国妇女权益保障法》《中华人民共和国义务教育法》《中华人民共和国母婴保健法》《中华人民共和国未成年人保护法》《中华人民共和国集会游行示威法》《中华人民共和国律师法》等。第七，行政管理性法律，主要包括《中华人民共和国商标法》《中华人民共和国专利法》《中华人民共和国会计法》《中华人民共和国审计法》《中华人民共和国计量法》《中华人民共和国注册会计师法》《中华人民共和国森林法》《中华人民共和国民用航空法》《中华人民共和国水土保持法》《中华人民共和国测绘法》《中华人民共和国电力法》《中华人民共和国煤炭法》《中华人民共和国环境保护法》《中华人民共和国土地管理法》《中华人民共和国邮政法》《中华人民共和国体育法》《中华人民共和国城市规划法》《中华人民共和国城市房地产管理法》等诸多法律。其中行政管理这一方面的法律是制定量最多的，主要是方便国家对经济、文化建设和社会事业管理，毕竟改革开放后社会关系渐趋复杂化，诸多领域需要法律重新进行调整与分配。

三、司法制度的健全与完善

这一时期法治发展的较大亮点便是"文化大革命"期间被砸烂的司法制度，司法机关在瘫痪中迎来了重生的契机，包括人民法院、人民检察院以及公安系统在内的司法机关重新步入正轨，司法制度得以健全和完善。

1979 年，《中华人民共和国人民法院组织法》和《中华人民共和国人民检察院组织法》得以重新制定，这为司法机关在新时期的法制化拉开了序幕奠定了基石。根据组织法的相关规定，我国开始着手重建司法系统，根据不同级别与管辖范围设立了四级普通法院、检察院系统和专门法院、检察院系统。经历数年的发展，1986 年年底全国共有高级人民法院 29 个，中级人民法院 337 个，基层人民法院的数量达到了 2907 个，人民法庭则有 14000 个。此外，专门法院有 132 个，各级检察院则共有 3491 个。伴随司法机关的恢复，各种实体法与程序法也相继颁布，如 1979 年的《中华人民共和国刑法》与《中华人民共和国刑事诉讼法》，1982 年的《中华人民共和国民事诉讼法（试行）》，1986 年的《中华人民共和国民法通则》，1989 年的《中华人民共和国行政诉讼法》，这些法律为司法制度的正规化发挥了重要作用。

1995 年 2 月，司法机关迎来了新一轮的发展契机，《中华人民共和国法官法》与《中华人民共和国检察官法》在第八届全国人大常委会第 12 次会议顺利通过，这意味着我国司法制度开始现代化、正规化。《中华人民共和国法官法》《中华人民共和国检察官法》对法官、检察官的职责，履行职责的义务和权利，担任法官、检察官的条件和任免，法官、检察官的回避，等级制度，法官、检察官的考核、培训、奖惩，法官、检察官的保障等以及法官、检察官考评委员会等做了规定。它对法官、检察官建立起一套规范化制度，对提高法官、检察官的素质和专业水平，推动司法职业化的形成，保障法官、检察官依法行使职权，都起到重要作用。从 1979 年到 1997 年，全国的法院工作人员发展到 29.2 万人，全国的检察人员已有 21.5 万多人。

与此相对应的是法院受理案件的持续上升，如根据《人民法院工作年度报告（2010）》：2010 年，最高人民法院受理案件 12086 件，同比下降 6.99%；审结 10626 件，同比下降 9.56%；审限内结案率为 98.31%。地方各级人民法院受理案件 11700263 件，同比上升 2.82%；审执结 10999420 件，同比上升 4.31%；审限内结案率为 98.51%；结案标的金额 15053.43 亿元；截至 2010 年年底，尚有各类未结案件 700843 件，同比下降 15.98%。

四、政府法制建设全面推进

政府法制建设是国家法制建设的重要组成部分，在一定程度上影响着国家法制建设的走向以及实施力度，它是政府内部的法治象征，既代表着政府的法制化，也与外部的司法机关进行协作对接，从而实现法制在行政机关与司法机关的双重正规化。

1979 年 9 月，第五届全国人大常委会第十一次会议召开，会上决定重建司法部。同年 10 月，中共中央和国务院发布了《关于迅速建立地方司法行政机构的通知》，在强调地方各级司法行政机构作用的同时也明确了其权责。因此，1980年底，全国范围内的司法行政机构系统得以全部建立；1996年底，司法行政干警共有57万多人，专职司法助理员近5.6万人，基层法律服务所更是达到了3.5万多家。

律师制度与公证制度也得到蓬勃发展。根据现实需要，司法部自1986年起开始举办全国律师资格考试，从源头上控制律师的数量及质量。1993年开始了对律师制度的改革，律师机构的角色从"国家工作人员"向"社会法律工作者"转变。律所及律师的数量开始迅速发展，2004年全国共有11823家律所，145196位律师；2006年律所则有13096家，律师则增加到164516位；2009年，全国律所共有15888家，律师则由173327人。可见，律师的市场需求日益扩大，人民倾向于由律师的协助来处理社会纠纷。公证工作的改革也同步进行，由现行的行政机关向事业单位转变，1996年，全国公证处发展到3167个，公证人员则有1.7万人，各种公证事件也逐年攀升。此外，法律援助制度、劳改劳教工作、乡镇法律服务事业、人民调解工作及国际私法协助工作都取得了较为突出的发展。

五、法学教育盛况空前

法治的发展需要法学人才的推动，而法学人才则源于法学教育。十一届三中全会为我国历史发展的新的时期拉开了序幕，法学教育因此迎来了全新的发展契机，法学作为一门学科也开始在社会科学领域重新获得重视。截至1995年，全国共有150多个法学院（系），分别设置了232个法律专业；而自法学教育1978年恢复以来至1997年，全国共培养了法学本专科毕业生约20万人。2002年初，已有170多所高校设立法学专业，本科生已超过8万人，博士生达700人，硕士生则有千余人，每年还招收法律硕士学位研究生数千人。

法学教育的发展带动了法学研究的进步，"文革"前的法学研究机构在改革开放后的两年内基本得到恢复，新建的研究机构也如雨后春笋般出现。到1998年，中国法学会扩散至全国，各省级单位也都建立了相应的法学会，全国会员超过10万人，并建立了16个学科、专业和专门研究会。

可以这样说，十一届三中全会是中国法学教育复苏的春天，而社会主义市场经济的建立和依法治国方略的确立，为法学教育的进一步发展插上了奋飞的翅膀，取得了令人瞩目的成绩。

第一，基本形成了多渠道、多形式、多层次的法学教育培养体系，为国家培养了数以万计的法学专门人才。

经过数十年的发展，中国高等法学教育已经基本形成自己独有的教育体系：以司法部所属的法学教育系统，在校生已近全国法学在校生的一半；以教育部直接主管的重点综合大学的法学院、系；以行业主管部门所属的理工院校与地方所属的大学的法学院系。截止到 2017 年年底，全国普通高等法学院校（系）已有 300 多家，在校学生已达 6 万多人；成人教育在籍生已达 9 万余人；中等职业法律学校在校生 2 万多人。从办学层次而言，原来只有本科，现在不但有本科而且有研究生层次；不仅有硕士研究生，而且有博士研究生。至于成人类教育的层次则更是丰富多彩了：有函授专科、函授本科、夜大学、硕士研究生班等等。

以西南政法大学为例，该校是经国务院批准的重点大学，直属于司法部领导。该校始建于 1953 年，"文革"期间停办，1978 年恢复招生。经过多年的艰苦创业，到 2017 年底已经发展成为全国培养高级法律专门人才规模最大的基地。现有在校生（含博士、硕士、普通本专科生以及成人类学历教育和非学历教育的在校生）达 13000 多名。建立起了"学士—硕士—博士"完整的人才培养体系。现有 9 个系、12 个本科专业、13 个硕士学位授权点、3 个博士学位授权点，28 个博士、硕士研究方向。国家外专局和司法部在该校定点建立了"中国国际高级法律人才培训中心（重庆）"，开辟了招收港、澳、台研究生和第二学士学位学生的办学新路。

据了解，其他政法院校（系）也像西南政法大学一样，具有比较完整的人才培养体系和较大的培养规模，为社会经济和法制建设培养和输送了不少的法律人才。

第二，法学教育体制的嬗变初见成效。

广义上的教育体制包括宏观角度的教育管理体制和微观角度的学校内部管理体制。对法学教育而言，目前无论从宏观还是微观上，教育体制都正经历着深刻而艰难的变革。

从宏观上来看，我国高等教育管理体制最大的问题，是传统计划经济时代遗留下来的条块分割、力量分散、低水平重复办学、小而全、效益不高，使现有的教育资源不能得到合理配置和充分利用。因此，教育部拟通过三年的时间，基本形成中央和省级政府两级管理、分工负责，在国家宏观政策指导下以省级政府统筹为主的新体制，与此同时，通过改革组建若干所真正意义上的综合性大学。

基于这样一种指导思想，高校的联合办学成了一种时尚。联合办学分为紧密型的联合办（即院校合并）与松散型的联合办学（即资源共享）。司法部关于部属院校宏观管理体制改革的基本思路是在隶属关系、投资渠道不变的前提下，与地方政府实行联合办学，待条件成熟后，逐步实现中央和地方两级办学。与此同时，对所属的法学教育机构进行必要的调整与合并，集中有限的人力、物力、财力办学，提高教育质量，形成规模效益。应当说经过近三年的努力，高校的联合办学已经取得了相当的成绩，如华东政法学院已与上海的六所高校开展了联合办学，使教育资源得到优化组合和充分利用；司法部与重庆市签订了共建西南政法大学的协议，西南政法大学也正在与其他学校和公司探讨联合办学的有关事宜；为监狱和劳教所培养高层次后备人才的中央司法警官学院已初具规模，其他几所政法院校也已在探索宏观体制改革的有效途径。

"共建、调整、合作、合并"的八字方针对于改善高等教育的布局结构，发挥整体优势，提高办学效益正发挥着不可低估的作用。

在高校内部管理体制的改革上，法学院校正在根据院校教学科研、校办产业、后勤服务各方面的不同职能，建立不同的管理办法。同时，也正在以机构改革、人事改革和分配制度改革为突破口，调整队伍结构，促进人员合理分流；建立有效的竞争机制和激励机制；围绕着教学和科研两个中心，加强一线，压缩二线，不断提高教学科研人员占教职工总数的比例，以提高办学效益。

第三，法学教学改革如火如荼。

基于传统教学工作中存在的专业口径过窄、人文教育薄弱、培养模式单一、教学内容陈旧、教学手段方法过死等问题与科学技术与人文文化相互渗透和融合趋势之间的矛盾，中国高等教育的人才培养模式在20世纪末开始了巨大的转变。按照教育部《关于深化教学改革，培养适应21世纪需要的高质量人才的意见》的精神，高等学校"要贯彻教育方针，按照培养基础扎实、知识面宽、能力强、素质高的高级专门人才的总体要求，逐步构建起注重素质教育，融传授知识、培养能力与提高素质为一体，富有时代特征的多样化的人才培养模式"。"我国新时期的本科教育是更加注重素质培养的宽口径专业教育"。

目前，法学院校正在根据新的专业目录的要求，按照"宽口径"提高学生思想素质、文化素质、专业素质、身心素质的要求，法学本科取消了经济法、国际经济法等专业，只设一个法学专业（允许学校根据情况设若干方向）。法学专业调整归并之后，教育部法学专业指导委员会拟定了法学专业的十四门核心课程。这十四门核心课程是：中国宪法、法学理论、民法学、刑法学、民事诉讼法学、刑事诉讼法学、行政法与行政诉讼法、中国法制史、经济法概论、商法概论、知识产权法、国际法、国际私法、国际经济法概论。

目前，各法学院校正在根据这十四门核心课程组织教材，努力创造出自己的名牌和精品。

在教学管理方面，部分政法院校在长期论证的基础上，陆续开始实行学分制，让学生自由选择上课教师，给了学生自主学习的机会，在很大程度上调动了教师认真备课、上课的积极性。

第四，法学教育的层次结构正在进行有力的调整。

法律属于上层建筑，具有政治性、社会性、实践性强的特点。法学教育既培养法律从业人员，也培养"官"，即从事政府管理的公务员。正因为如此，世界各国法律人才的层次结构大都具有高起点（本科）、高重心（研究生）的特点。而我国以前的法学教育在这方面相距较远。因此，自1996年以来，司法部做出了调整部属普通高校的学历教育层次的决定。做出了"普通高等学历教育以本科教育为起点，大力发展法学研究生教育和法律专业硕士研究生教育，逐步把大专层次的学历教育转移到其他轨道上去"的决策。近三年来，法学教育的层次结构调整基本上是按照这样的模式运作的。自1998年秋季起，部属院校不再招收专科生，专科生主要转到了成人教育层次去培养，本科生招生规模略有扩大，研究生招生规模有较大规模的发展。此外不断推进"高层次的复合型、外向型法律人才培养工程"，法律专业硕士学位由试点转向不断推广，高层次的继续教育（研究生班）也有较大规模的发展。

第五，师资队伍得到加强，已组建起一支胜任教学、科研任务的专、兼职相结合的教师队伍。

法学教育的师资队伍由于受到"文化大革命"的影响，呈现出比较严重的断层现象。好在教育主管部门及时意识到这个问题的严重并采取了十分有力的措施。各法学院校通过专业进修、科研攻关、攻读学位以及到实际工作部门锻炼等途径，使教师的政治、业务素质得以不断地提高；通过一系列的竞争激励机制，促使中青年教师脱颖而出，解决了职称结构上的青黄不接；通过举办在职攻读硕士、博士学位课程班以及对来校工作的硕士和博士研究生实行优惠政策等措施，有效地改善了教师队伍的学历结构。目前，法学院校教师队伍的年龄结构、学历结构和职称结构正不断趋向合理，一批中青年教师迅速成长，脱颖而出，成为学科的带头人和教学骨干，并已基本组建起一支胜任教学、科研任务的专、兼职相结合的教师队伍。

第四章　新时代法治文化的基本特征

　　法治文化是人类在法治实践活动中能动地发挥自身主动性的文化成果之一，是一个国家、民族在法治领域所拥有并传承的制度模式、观念形态和行为方式。一个国家或民族的法治文化是其在法治领域和法治实践中所特有的一种存在标志。社会主义法治文化是我们党领导人民传承中国传统文化精华，借鉴人类法治文明成果，在当代中国法治实践中形成的，体现着法治精神和理念、原则和制度、思维方式和行为方式的一种进步文化形态，是法治文化普遍性与社会主义法治文化特殊性的有机统一。它既具有法治文化的一般特点，又具有我国国情特点、时代特点及法治构建理念和方式特殊性，同时思想内容的先进性、作用方式的渗透性、借鉴传承的开放性、建设发展的创新性是社会主义法治文化的基本特征。

第一节　思想内容的先进性

　　法治文化与专制文化、人治文化相对，是一种崇尚法治、拒绝人治的文化，是一种制约权力、反对专制的文化，因此它总是具有先进性。社会主义法治文化以先进的法治理论为统领，以先进的法治理念为核心，以先进的法治制度为基础，代表了当代中国先进法治文化的价值取向，是社会主义先进文化的重要组成部分。先进性是社会主义法治文化的根本属性。

　　先进的法治理论是社会主义法治文化的统领。从根本上说，社会主义法治文化是在先进法治理论——马克思主义法治理论指导下建立起来的一种文化形态。首先，马克思主义法治理论揭示了法治制度的政治渊源和物质渊源，即法治制度是统治阶级的政策，只有掌握国家政权的统治阶级才有可能通过国家机关把自己的意志上升为国家意志，把自己的政策上升为法律。法治制度的物质渊源是统治阶级赖以生存的物质生活条件，即一定社会中占统治地位的社会生产方式，这也是法的最终来源，是法的内容和力量最深刻的根源所在。其次，马克思恩格斯在关注欧洲革命特别是在关注巴黎公社革命的过程中，深刻论述了无产阶级政党和国家的法治建设问题。一是取得革命胜利的工人阶级应及时创建新的法制。马克思恩格斯高度赞扬和充分肯定了巴黎公社的立法措施及其成就，称之为"新的历史创举"。二是打碎旧的国家机器是创建革命法制的前提。无产阶级和劳动人民要制定体现和保障自己意志与利益的革命法制，首先必须夺取政权，打碎资产阶级的旧国家机器，这是一切"真正的人民革命的先决条件"。三是实现"人民主权"是创建无产阶级革命法制的基本原则。"人民主权"原则是马克思主义法制理论的基本原则。马克思指出："法典就是人民自由的圣经。"

为了巩固新生的社会主义政权，保证社会主义建设的顺利进行，列宁非常重视法制建设，创造性地提出了关于社会主义的立法、执法、司法、守法和法律监督等一系列崭新理论，极大地丰富和发展了马克思主义法治理论。一是制定完备的法律。列宁亲自领导苏维埃国家制定了一系列法令和法律。二是严格依法办事。依法办事，不只是全体公民的事，国家机关及其公职人员首先必须模范地执法和守法。列宁认为，对国家公职人员破坏法律的行为尤其不能容忍，情节严重的要交付法庭治罪；同时，对全体公民要不断地进行法制教育，提高他们的法律意识。加强社会主义法制建设，还要搞好法律监督，同一切破坏法制的行为做斗争，保证法律能够得到全面的、正确的实施。列宁还指出，社会主义法制监督是全社会的事情，党组织、专门的国家机关和人民群众都有权利也有义务监督法律的实施，而在这中间，党组织又负有特别重要的责任。

我们党历来高度重视法治建设问题，把马克思主义法学理论与我国社会主义法治实践相结合，创造性地提出了具有中国特色的社会主义法治理论，赋予了马克思主义法治理论崭新的内涵，丰富和发展了马克思主义法治理论。马克思主义法治理论从实现全心全意为人民服务的根本宗旨、巩固党的执政地位出发，科学地揭示了法治的根源和本质，对无产阶级政权提出了法治要求，指明了法治建设的根本途径，是马克思主义政党立党为公、执政为民的执政理念在法治文化形态上的反映，是马克思主义政党执政实践的进步和提升，是社会主义先进文化的重要内容。尽管马克思恩格斯对无产阶级政党和国家法治建设只是提出一些宏观的原则和思路，却为马克思主义政党的法治建设奠定了思想理论基础，提供了强大理论武器，也为社会主义法治文化提供了科学遵循。

先进的法治理念是社会主义法治文化的核心。法治理念是人们对法治的内在要求、精神实质、基本原则的理性认识和高度概括，是法治文化的核心、精髓与灵魂，在实践中引导、统领、支配和决定着法治活动，是指导立法、执法、司法和守法实践的思想基础和价值取向。它根植于一国法治实践之中，对法治实践起着引领和推动作用。法治理念正确与否，直接影响一国法治事业的兴衰成败。法治理念不清、定位不准，将会导致法律制度的无序，也会带来执法、司法的不公。法治具有一般属性、一般原则和普遍规律，但由于各国经济社会发展、历史传统存有诸多差异，世界各国的法治理念和模式也就必然存在不同。社会主义法治理念是体现社会主义法治内在要求的一系列观念、信念、理想和价值的集合体，是指导和调整社会主义立法、执法、司法、守法和法律监督的方针和原则，是社会主义法治的精髓和灵魂。中国特色社会主义法治理念，是中国社会主义民主与法治实践经验的总结，其内容可以概括为：党的领导、人民民主、依法治国、公平正义、制约公权、保障人权。其中，党的领导是法治理念的政治内核，人民民主是法治理念的制度根基，依法治国是法治理念的第一要义，公平正义是法治理念的价值追求，制约公权是法治理念的重要原则，保障人权是法治理念的精髓所在。社会主义法治理念把现代法治文明的精髓与我国社会民主政治发展的特殊性有机结合起来，具有法治的一般属性，体现法治的一般原则和普遍规律，又从我国实际出发，基于中国国情和中国社会经济、政治、文化发展的现实需要，考虑中国未来社会发展趋势，体现我国法治构建理念，进一步揭示和彰显了我国法治的社会主义性质，与传统法治思想、资本主义法治理念有着本质的差异。

先进的法治制度是社会主义法治文化的基础。法治制度建设的思想与实践既是法治文化建设的重要体现，也是法治文化建设的重要支撑。我们党早就认识到社会主义法制建设的重要性，早在第二次国内革命战争和抗日战争时期，中国共产党在中央苏区和陕甘宁边区就先后颁布实施了一些法律。党的八大提出："由于社会主义革命已经基本上完成，国家的主要任务已经由解放生产力变为保护和发展生产力，我们必须进一步加强人民民主的法制，巩固社会主义建设的秩序。国家必须根据需要，逐步地系统地制定完备的法律。一切国家机关和国家工作人员必须严格遵守国家的法律，使人民的民主权利充分地受到国家的保护。""文革"结束后，邓小平对新中国成立初期特别是"文革"时期出现的种种政治乱象进行了深刻的反思，首先认识到制度建设尤其是法制建设的重要性。他强调指出："为了保障人民民主，必须加强法制。必须使民主制度化、法律化，使这种制度和法律不因领导人的改变而改变，不因领导人的看法和注意力的改变而改变。"新中国成立后，尤其是改革开放以来，从我国实际情况出发，按照社会主义法制原则，逐步形成了有中国特色的独立的法律体系。到 2011 年，一个立足于中国国情和实际、适应改革开放和社会主义现代化建设需要、集中体现党和人民意志的，以宪法为统帅，以宪法相关法、民法商法等多个法律部门的法律为主干，由法律、行政法规、地方性法规等多个层次的法律规范构成的中国特色社会主义法律体系已经形成，国家经济建设、政治建设、文化建设、社会建设以及生态文明建设的各个方面实现有法可依。截至 2017 年 9 月底，除现行宪法外，我国现行有效的法律共 244 个，行政法规共 746 个，地方性法规共 9540 个。我国社会主义法治制度的科学性先进性表现在：一是法治制度体现规律、反映民意。社会主义法治制度充分体现了马克思主义的指导地位和社会主义核心价值体系的要求，体现了社会主义市场经济和法治建设的内在本质与规律，体现了人民民主，维护人民当家作主的地位和最广大人民群众的根本利益。二是更加注重制度建设系统配套。既注意单项制度的制定修订，又与其他制度协调配合；既充实完善惩戒性、约束性规定，又建立健全激励性、保障性规定；既重视实体性制度建设，又重视程序性制度建设。同时，努力使党内制度与国家法律相衔接。三是注意制定实施细则，逐步将一些原则性要求转化为可操作的具体规定。

第二节　作用方式的渗透性

文化如水，润物无声。法治文化本质是以文化人，具有很强的感染力和渗透力，能够创设一种浓厚的法治氛围，浸染、弥漫在整个组织之中，强烈影响人的道德情感、价值选择、思维方式和行为习惯，对形成崇尚法治、鄙弃人治的思想理念、价值取向、行为规范和社会风尚具有潜移默化的促进作用。社会主义法治文化作为法治建设与文化建设相融合的产物，渗透在人们的价值观念、环境氛围以及法治文化作品、载体、活动中，是法治价值理念与法治制度规范的统一、个体行为与社会风尚的统一、法治文化活动与法治文化产品的统一。

　　通过法治价值观念渗透。文化是人的活动及其文明成果在历史长河中自觉或不自觉地积淀的结果，是人类历史凝结而成的稳定的生存方式，它像人的血脉一样贯穿在特定时代、特定民族、特定地域总体性文明的各个层面，以自发的、内在的方式左右着人类的生存活动。文化的本义是教化，文化的本质是"化"人。从词源上讲，在中国古代文化中，"文化"一词的基本含义是"文治教化"，表征一种由"以文化天下"而来的社会秩序。"文化"一词，在英文和法文中是 Culture，由拉丁文 Cultura 演化而来。最初是指耕耘土地、培育作物之义，后引申为对人类自身的心灵、智慧、知识、风尚、德行等一切社会生活的培养教育。可见，文化作为一种精神的力量，具有陶冶人、塑造人的功能，一旦被人们所接受，就会对人的行为方式和价值取向产生根本性、广泛性、长期性的影响。文化本身对人的影响是一种潜移默化的影响。从某种程度上说，文化一旦获得某种社会认同，它对社会成员价值取向和行为规范的影响将具有基础性、长期性、广泛性和战略性。法治文化以法治为思想内涵、以文化为表现形式，是法治建设与文化建设相结合的产物，是法治实践在文化观念上的反映。法治文化的核心是价值观念，它能够引领人们的行为。从价值观念层面分析法治文化，可以诠释为一种崇高的价值理想、合理的价值取向和心中的道德法则。伯尔曼认为："法律不仅仅是事实，它也是一种观念或概念，此外，它还是一种价值尺度。它不可避免地具有智识的和道德的方面。"可见，崇尚法治一旦成为价值观念，就会成为人们心中的道德法则。

　　通过舆论氛围渗透。马克思指出，人创造环境，环境也创造人。每个人的思想和行为都是社会情景中的活动和行为，舆论氛围是影响人的思想和行为的重要社会环境。法治不仅仅是一种制度、秩序和治国方式，更是一种价值的选择、思想的尊崇、信念的坚守和精神的力量。这种崇尚和确信是一种法治心理、法治观念、法治思想和法治行为的表征，更是一种良好的社会法治文化氛围。在这种法治文化氛围之下，法治精神得以普遍化地实践和实现，所有社会活动都是按法治精神实践的方式、过程和实现的结果。香港地区的法治理念早已深入人心，依法行事早就成为每一个社会公众和单位的基本准则，这离不开香港政府深刻认识到要成功打击违法犯罪问题，不仅要致力于侦察和惩罚犯罪者，更要针对违法犯罪的社会成因及行政根源进行适应性的法治教育，从而形成全民知法守法的社会风气和舆论氛围。香港的法治教育以全民守法为基本内容和目标。所谓的"全民"是指，法治教育的对象是社会每一个自然人、法人及其他组织。北欧一些国家清廉指数数年高居榜首，这与其十分重视法治文化的建设，注重培养公民遵纪守法意识，形成以廉为荣、以贪为耻的社会风气和舆论氛围密切相关。在芬兰，法治文化深入人心。芬兰儿童在初级学校就开始学习社会学课程，在高中学习法律知识，青年人在步入社会以前，就已具备基本的法律知识和遵纪守法的观念。多年的熏陶和不懈的教育使遵纪守法、清正廉洁成为芬兰人的自觉习惯，同时也成为当代芬兰文化的一个重要组成部分。因此，我国必须大力加强社会主义法治文化建设，持续开展普法宣传教育，努力营造崇尚法治的文化氛围，着力培养公民的法治精神。

通过法治文化产品、载体和活动渗透。生动有效的法治文化形式，能够传导正确的法治价值取向，浸润和洗涤人们的心灵，还能使法治意识和法治观念转化为人们的思想道德准则，从而形成遵纪守法、爱法护法的良好习惯。社会主义法治文化要鼓励、引导、支持法治文艺创作，这些文艺创作应着力打造思想性、艺术性和观赏性相统一且深受群众喜爱的优秀法治文化作品。发挥执法机关和专业文化团体、业余文艺团体、各级文化馆站的作用，使之贴近实践，贴近群众文化生活，并且积极开展法治题材文学艺术作品创作，让法治文化融入主流文化之中，以丰富生动的法治文化作品吸引人、感染人、说服人，从而不断提升群众的法治文化修养。法治文化产品应当雅俗共赏、题材广泛、形式多样，使得人们在心情得到愉悦之余接受法治文化的熏陶。此外，可以通过一些途径和手段将法治文化更好地渗透到人民的日常生活中。第一，运用群众乐于接受的影视、戏曲、小说、故事、动漫、短信、书画等各类艺术形式，表现和反映我们所处时代的生动法治实践，用文化的力量培育和构建社会主义的法治精神。第二，建设一批传播法治文化的主阵地，充分利用网络平台与技术，着力打造网络法治文化，增强和扩大法治文化在网络领域的覆盖面和社会传播力。第三，借助网络、电视、广播、书报等主流媒介的独特优势，扩大法治刊物、节目、栏目的影响力，让人们在获取各种信息的过程中自觉接受法治文化的洗礼。第四，选择百姓关注、影响力大、富有时代特征和地方特色的事件，设计并推出各种形式的法治文化活动，让参与者受到生动形象、潜移默化的法治熏陶。第五，抓好政府网站及有关法治专栏建设，提高信息发布质量，丰富法治文化内容，增强与群众的交流互动，形成全社会普遍关注法治文化的良好氛围。第六，积极推进法治教育基地建设，及时总结和推广各地开展法治文化阵地建设的有效经验，建好法治文化创建活动示范点，为发展社会主义法治文化提供有力支撑。

第三节　借鉴传承的开放性

文化是不断发展的，而文化的发展又是以传承借鉴为前提条件的。文化传承就是对于自身原有文化的保存和继续，文化借鉴则是对自身以外文化的吸收。文化的传承借鉴为文化创造提供了充足的营养，使人类文化一步一步走向辉煌。传承与借鉴是加快法治建设、实现法治现代化的必由之路。社会主义法治文化也是在借鉴和吸收世界各国法治建设有益成果，挖掘和利用我国优秀法治传统文化，继承和发扬我党法治思想的基础上形成和发展的。

历史的发展不仅要站在前人创造的物质文化基础之上，还要站在前人创造的精神文化基础之上。任何国家都无法完全割裂自己的历史而凭空创造出一种全新的法治文化。中国的传统法律文化中有糟粕，但无论在思想层面还是制度层面，也有许多值得汲取的精华。中国是世界上文明发达最早的国家之一，法制文明是中国古代文明的重要构成和明显标志。法治建设是一个历史性课题，从古至今历代都在探索。中国古代法律文化中有许多超越时空、具有普遍价值的因素。其中的许多内容体现了中国古代政治家、思想家对法治问题的缜密思考，体现了中国古代政治文明的卓越智慧。中华民族积淀深厚的优秀传统法律文化具有生生不息、历久弥新的品质，是永不枯竭、弥足珍贵的文化资源，为社会主义法治文化提供了丰富的思想宝库。因此充分发挥传统法治文化潜在的熏陶、引导、渗透功能，使优秀传统文化蕴含的法治理念根植于人们心中，才能更好地感化和约束人们的行为，在汲取传统文化营养中培养法治的自觉性。我国古代法律文化源远流长、博大精深，其内容体现在各个方面。从制度层面来看，古代法律文化中重视加强法治制度建设的思想，这不仅在长期的历史发展过程中发生过积极作用，甚至对我们今天也还有在具体问题上的借鉴意义和启发。我国春秋战国时期就有了自成体系的成文法典，秦代形成全国统一的法律，汉律开始礼法结合，唐律成为世界上封建时期法典的最高代表，以这些为核心形成了在世界几大法系中独树一帜的中华法系。从思想层面来看，早在春秋战国时期，法家针对儒家的人治思想就提出了"缘法而治"的以法治国主张，并提供了一整套推行"法治"的措施和方法。法家的著名代表人物韩非指出："国无常强，无常弱。奉法者强，则国强；奉法者弱，则国弱。"虽然法家的"法治"是封建君主专制政体下的"法治"，但其强调重视法律在治理国家中的作用仍未过时。再如儒家学说中的"仁政"和"民为贵，社稷次之，君为轻"的民本思想，证明其现实价值是不能否认的。法家提出了"刑无等级""法不阿贵""刑过不避大臣，赏罚不遗匹夫"的公正执法思想。公正执法，就是要求执法公正无私、不偏不倚，也就是"法不阿贵"。从法治模式来看，我国古代注重礼法互补，主张德治与法治并存，强调明德慎刑；注重法律的教育功能，主张以法为教，强调法律的任务不仅是"禁暴惩奸"，而且要"弘风阐化"，仁义礼乐者，皆出于法；注重治国者、执法者的道德品质以及对国家的责任感和使命感，主张为官者、执法者要清正廉洁，光明正大，发挥以吏为师的榜样作用等。这种重视德治与法治相结合的社会控制模式，具有顽强的生命力，历经二千余年而未变，并在我国历史上出现了诸如"成康之治""文景之治""贞观之治"的著名盛世。综观我国古代法与道德教化综合为治的历史实践，剔除其糟粕，从批判总结的立场上探索这方面的历史借鉴，对于我们如今的社会控制手段的选择及控制模式的构建，建立稳定的社会秩序，仍不无裨益。社会主义法治文化来源于我党的先进法治文化，充分体现着我党的法治优良传统。从第二次国内革命战争和抗日战争时期，到新中国成立后，尤其是改革开放以来，我们党从我国革命、建设和改革的实际情况出发，按照社会主义法治原则，逐步形成了具有中国特色的法治道路、法治理论和法治制度。社会主义法治文化天然传承着我党法治的政治基因和科学思想方法基因，如坚持党的领导，坚持从中国实际出发，坚持人民主体地位等。

根据矛盾的普遍联系作用机制，开放环境下不同文化相互作用、相互影响，文化的传播与交融机制已成为文化发展的动力。每一个国家、地区、社会和民族都有自己独特、优秀的核心文化，同时，任何文化如果长时间不和异质文化接触、交流、摩擦和碰撞，从异质文化中吸取养分，而单凭文化内部的单一动力则难以有大的发展，或者难以在"文化达尔文主义"优胜劣汰的竞争中立足，甚至还会出现文化萎缩、衰落和核心优势丧失的情况。因此，世界各国的法治文化都在充分吸收基于不同地理、历史、文化、民族和生产等因素而形成的异质文化中向前发展。在与外来文化接触时，各先进国家都在基于自身文化底蕴，确保自身核心文化不被异质文化淹没、同化并保持自身文化的民族特性前提下，让自身自然发展的法治文化进入自觉状态，积极、主动地推动法治文化的功能融化，并在一定层面上实现法治文化建设经验、规律、创新机制和操作模式的共享与开放式发展。"质"的差异有程度的不同，法治文化建设可以对异质文化内部深层次的思想意识和观念进行吸收，也可以对异质文化外在层次的操作模式和管理技巧进行引进，可以对近缘的法治文化（如邻近的具有相似背景和相似条件的国家、地区和民族）进行直接借鉴，也可以与远缘的法治文化（如社会差异、文化差异、民族差异和意识形态差异较大的国家和地区）进行交流。目前世界上存在着众多的国家和众多的法律制度，虽然它们在发展过程中，彼此间有着明显的差异，但就其分属的法律传统来看，不外乎大陆法系、英美法系、伊斯兰法系等几种主要法系。不论是被迫的，还是主动的，它们无一例外都是学习、接受外来经验的结果，都是在古罗马法、英国普通法、伊斯兰法、中华法系的基础上发展而来的。恩格斯在评价罗马法时曾指出："罗马法是纯粹私有制占统治的社会的生活条件和冲突的十分经典的法律表现，以致一切后来的法律都不能对它做任何实质性的修改。"罗马法正是奠定今天世界上庞大的大陆法系的基础。即使是英美法系，也可以找到罗马法的影子。正如恩格斯所说："即使在英国，为了私法（特别其中关于动产的那一部分）的进一步发展，也不得不参照罗马法的诸原则"。人类社会创造的法治文明具有普遍意义，尤其是近代以来基于启蒙思想而形成的法律至上、权力制约、人权保障、法律面前人人平等、罪刑法定、程序正当等法治理念，反映了人类治理国家和社会的智慧与经验，反映了人类社会法治文明发展的一般规律。中华民族自古就有积极进取、海纳百川的文化气度。改革开放后的中国法治文化建设正是在吸取异质文化中大大向前推进的。面对全球化进程的加快，我们要用一种全新的目光审视世界，吸收和借鉴西方发达国家意识形态之外的法治文化建设有益经验，进一步增强社会主义法治文化的吸引力、凝聚力和创新力。尽管各个不同国家、民族或法系的法治模式、法治经验可能千差万别，但总有符合法治共同规律、反映法治普适性价值的人类法治文明成果凝结于其中。基于人类历史的共同必然性和普遍性，这些不断积累起来的人类法治文明优秀成果是人类的共同财富，是人类共同发展、共同前行的基础。特别是西方发达国家的法治因为有着一个较为长期又相对独特的发展历史，客观上为我们提供了法治文化方面许多可资借鉴的有益经验，因而西方法治文明成果应当是中国特色社会主义法治文化培育和形成中不可缺少的一种重要资源。社会主义法治文化，必须具有世界眼光，用更加宽阔的视野来观察世界法治文化发展趋势，及时了解掌握外国特别是发达国家法治文化的发展动向，从我国实际出发，积极吸收借鉴世界优秀法治文明成果，增强社会主义法治文化的生机活力，坚持"走出去，引进来"，积极开展对外法治文化交流活动，走开与世界法治文化交流的路子，提高社会主义法治文化的辐射力、吸引力和感召力。

第四节　建设发展的创新性

任何文化都离不开产生、发展、演变的过程，而这种产生、发展、演变的过程又离不开一定的时间和空间。文化是时间的产物，文化也是空间的产物。正是这种文化的时间性与空间性，使得文化具有创新性。法治文化建设是一个历久弥新的课题，是历史性与时代性、差异性与多样性、思想性与实践性的统一。社会主义法治文化建设要取得实实在在的成效，必须及时反映时代的新发展、人民的新风貌，及时回答实践提出的新课题，只有这样才能保持旺盛的生命力。

在体现时代性中创新。文化的时代性是指任何一种文化的产生、形成、发展与成熟都总是在一定的社会历史阶段上进行的，并以时间作为其基本的存在形式，也就是说，文化是历史发展的产物，不同的时代和不同的历史阶段有着具体内涵不同的文化。只有站在时代的高度，把握时代的脉搏，才能反映时代发展的趋势和方向。法治文化作为一种先进法律文化形态，在追求法治价值目标的过程中，是一个动态的过程，也就是说，法治的价值目标是与时俱进的，其内容随着时代的发展变化而变化，不同的时代，法治追求的目标不同。从西方法治文化发展的历程来看，资产阶级政权建立后，随着社会经济政治的发展变化，其为了适应不同时期社会的需要，提出了不同时期法治建设的目标，出现了不同的法治理论体系。我国提出建设社会主义法治国家目标虽然时间不长，但在不同的发展阶段，法治建设的任务、追求的具体目标也有很大的不同，比如在确立依法治国方略的初始阶段，建立完备的法律体系是首要目标。在社会主义法律体系建成之后，如何有效实施法律，如何在全社会培养法治意识，如何树立尊重和保障人权，如何树立依法行政、公正司法的观念等，都是我国在法治文化建设中面临的艰巨任务。体现时代精神是文化创新的重要追求。文化创新，表现在为传统文化注入时代精神的努力中。要按照时代的新进步，推动传统法治文化创造性转化和创新性发展，把跨越时空、具有当代价值的文化精神弘扬起来，激活其生命力。社会主义法治文化建设不能离开文化传统而空谈文化创新。要在传承发扬中华民族优秀法治文化的同时，加强对其法治思想元素的挖掘和阐发，赋予传统法治精神新的时代内涵，积极适应时代发展的新特点和广大人民的新要求，引导理解认同、自觉践行。同时，在形式上要加强新媒体新技术的运用。在新媒体时代，信息传播格局、社会舆论生态、公众参与方式都发生了很大改变，法治文化建设面临空前开放、高度透明、全时跟踪的舆论环境。面对时代的挑战，社会主义法治文化建设必须适时更新观念，积极主动作为，大力提升新媒体新技术在普法宣传中的作用。要掌握新媒体的工作模式，转变普法工作思路，由单向发布、被动回应向沟通互动、主动引导转变，着力打造一批在国内外有较强影响力的普法官方微博、普法官方微信、普法社交平台，形成以政府网站、新闻网站、普法网站为骨干，商业网站相配合，各类网站共同参与，广泛深入开展法治宣传教育的生动局面；要潜心研究和创作适合新媒体宣传的文化精品，采取视频、文字、漫画、公益广告等多种形式，通过普法微信、普法微博、普法网站等平台普法，开展庭审微博直播、庭审网络视频直播，以大众易于接受的方式进行信息传播；要注重新媒体的工作效果，凸显普法产品的时代性，提升普法产品的便携度，增强普法产品的吸引力。

　　在体现特色性中创新。文化是多样性和差异性、共性和个性的统一。法治文化既不能简单地继承，也不能一味地吸收，而应是在继承中弘扬，在吸收中取精，在发展中创新。新加坡政府在长期实践中成功地摸索出了一套融贯中西、独具特色的法治文化，其主要做法是作为一个华人居多的国家，一方面强调现代法治对反腐败的基础性作用，一方面政府非常重视继承和发扬优秀的中华文化传统。李光耀将儒家道德归结为"忠孝仁爱礼义廉耻"八德，在大力倡导儒家道德的同时，赋予其时代性。比如，"忠"并非是传统意义上的忠君思想，而是转化为忠于国家，有国民意识。具体内容包括：一是归属感，即每个新加坡人都应意识到自己是新加坡人，归属于新加坡；二是国家利益第一，即新加坡公民应忠于国家、热爱国家，当国家利益与个人利益发生冲突时，要以国家利益为先；三是群体意识，要求公民认识到，新加坡的成就是集体协作得来的，个人和群体不可分割。由于忠意味着忠于国家、公家、群体，这些内涵是与利用公共权力谋取一己之私利的腐败水火不相容的，因而对于维护廉洁、防止腐败有积极意义。1991 年 1 月，新加坡政府发表了《共同价值观白皮书》，提出五大共同价值观：国家至上，社会为先；家庭为根，社会为本；关怀扶持，同舟共济；求同存异，协商共识；种族和谐，宗教宽容。可以看出，白皮书基本内容保留了许多儒家的东西，并且经过一番改造和发展，使儒家的内容与新加坡的多元文化、多元种族等国情相适应，与现代精神气质和其他种族的伦理观念相适应。在继承的基础上不断发展，儒家道德便成为维持新加坡政府廉洁的思想粮仓。当然，在继承和倡导儒家核心价值的同时，人民行动党政府还非常注重吸取人类政治文明发展的成果，如民主意识和法制精神，为可控民主发展和法治的建立奠定基础。综上所述，社会主义法治文化也必须把吸收来的其他优秀文化放在自己的文化土壤里培植，以求古为今用、洋为中用。

　　习近平总书记多次深情地指出："博大精深的中华优秀传统文化是我们在世界文化激荡中站稳脚跟的根基。抛弃传统、丢掉根本，就等于割断了自己的精神命脉……我们不仅要了解中国的历史文化，还要睁眼看世界，了解世界上不同民族的历史文化，去其糟粕，取其精华，从中获得启发，为我所用。"几千年历史形成的中华传统文化（包括其法文化）既有其铸就中华几千年灿烂文明的积极建设性的文化精华，也有其长期受封建社会影响而形成的消极负面的文化糟粕。社会主义法治文化应该是既植根于母体文化又实现其现代转型和超越的法治文化，对中华传统文化"取其精华，去其糟粕"。积极、精华的内容在于维系中华民族生生不息、奋发向上的"和谐文化"，而消极、糟粕的内容莫过于阻滞社会发展的"人治文化"。西方资本主义法律文化为其提供了一定的借鉴，其主要体现在参考了西方法治理论中有关法治构建与运作的一般原理。但由于不同民族的法治文化产生的社会环境和历史条件不同、价值取向不同，法治理念模式并不相同。即使在香港和澳门，虽然由于殖民统治的历史而使这两个地区的法律制度完全表现为西方的法律制度，但事实上，很多行为规范仍然是中国法律文化的体现。我国独特的法治文化传统，独特的历史命运，独特的基本国情，注定了我们必然要走适合自己特点的法治文化发展道路，并且要在继承和发扬中国传统法律文化优秀成分的基础上，积极加强与世界各民族的法律文化交流，充分汲取世界先进法律文化营养，做到为我所用，融合创新。

　　在体现实践性中创新。实践是法治文化创新的源动力。一方面，实践不断出现新情况，提出新问题，需要法治文化不断创新，以适应新情况、回答新问题。另一方面，实践的发展，为法治文化创新提供了更为丰富的资源，准备了更加充足的条件。以美国为例，法律制度是美国社会的桥梁，对美国各方面生活始终发挥着重要作用，美国社会秩序的维持依赖法律的保护早已是人民根深蒂固的观念，所以美国法律的演进历史，就是应时代变化和社会需求在不同历史时期不断进行自我调适与发展的历史。17 世纪美国的农奴法律，实际上是因南方各州需要大量劳工来耕作农地而逐渐演进的结果；19世纪美国的法律思想是自由放任主义，即政府干涉愈少愈好，这是适应市场经济发展需要的结果；20 世纪的社会福利制度及医疗保险制度，是为调节社会贫富不均问题以及为防止在病痛时因贫穷而得不到立即及必要的医疗照顾。社会主义法治文化必须顺应我国经济社会发展要求。在实现中华民族伟大复兴的历史征程中，我国正处于改革攻坚期、发展机遇期、社会风险期"三期叠加"的时期。习近平总书记强调指出，全面深化改革需要法治保障，全面推进依法治国也需要深化改革。一方面，以法治凝聚改革共识，发挥立法对改革的引领和推动作用，实现改革决策和立法决策相统一、相衔接；以法治规范改革行为，做到重大改革于法有据，运用法治思维和法治方式推进各项改革；以法治确认、巩固和扩大改革成果，将实践证明已经比较成熟的改革经验和行之有效的改革举措尽快上升为法律，使其更加定型化、精细化，并以法律的强制力保证其实施。另一方面，在全面深化改革的总体框架下全面推进依法治国，在改革中完善法治，以改革驱动法治现代化。全面深化改革必须从我国基本国情出发，同改革开放不断深化相适应，总结和运用党领导人民实行法治的成功经验，围绕社会主义法治建设重大理论和实践问题，推进法治文化创新，发展符合中国实际、具有中国特色、体现社会发展规律的社会主义法治文化，为法治中国建设提供持久的精神动力、深厚的文化底蕴、有力的舆论支持和良好的主体条件。

第五章　新时代法治文化的内容结构

社会主义法治文化由体现社会主义先进文化内在要求的法治意识、法治精神、法治理念、法治信仰等精神文明成果，反映社会主义民主政治本质特征的法律规范、法律制度、法治原则、法治体系等政治文明成果，以及与两者相适应的依法行使权利或权力、履行义务或职责等行为方式所构成。其中精神文明成果是法治文化的内层结构，政治文明成果是法治文化的中层结构，行为方式是法治文化的外层结构。社会主义法治文化包括精神文化、制度文化、行为文化和环境文化。精神文化，是指公平正义的法治精神；制度文化，是指科学完备的法治制度；行为文化，是指依法办事的法治行为；环境文化，是指尊法、用法的法治环境，它们相互联系、相互作用、相互影响，构成了一个完整的法治文化系统。

第一节　公平正义的法治精神

在法治文化的精神、制度和行为三大要素中，精神是法治文化的核心。法治精神是观念层面的法治文化，是法治文化的内层结构，它处于法治文化立体结构中的深层位置，对整个法治文化有着根本性的影响，决定着法治文化的性质和走向。

法治精神是法治社会所普遍尊崇的法律至上、公平正义、制约公权、保障人权等价值追求的总和。其中法律至上是法治精神的第一要义，公平正义是法治精神的价值追求，制约公权是法治精神的重要原则，保障人权是法治精神的精髓所在。法治精神作为法治的价值核心和法治各环节的融贯灵魂，是法治制度的理性基础和法治行为的价值准则。法治精神具体体现在反映社会主义先进文化内在要求的法治意识、法治思维、法治理念、法治信仰中。法治意识、法治思维、法治理念、法治信仰都是法治文化的应有之义，所不同的是，从法治意识到法治思维，从法治理念到法治信仰，是一个法治文化由浅入深的发展演进过程。法治意识表征着法治在人的内心认知，法治思维表征着法治在人的内心生发，法治理念表征着法治在人的内心确立，法治信仰表征着法治在人的内心扎根。作为一种观念形态，法治精神同人是分不开的。人既是文化的创造者，也是文化的承载者。无论法治意识、法治思维、法治理念、法治信仰，都是人的法治意识、法治思维、法治理念、法治信仰。作为法治文化的核心、精髓与灵魂，法治意识、法治思维、法治理念、法治信仰在实践中引导、统领、支配和决定着法治活动。

法治意识是社会成员作为独立主体在实践中形成的关于法治的思想观念、知识、心态和思想体系的总称，是人们对法律和法律现象的正面看法。简单来说，法治意识是指人们相信法律，并按照法治的精神来行动的意识。法治意识不同于法律意识。法律意识是社会意识的一种特殊形式，是人们关于法律现象的思想、观点、知识和心理的总称，包括积极的法律意识和消极的法律意识。法律意识的积极方面是指人们相信法律，认为法律是公平公正的，并且严格遵守法律，执行法律规定。法律意识的消极方面是指人们不相信法律，仇视法律，反对、反感法律。法治意识属于法律意识的一部分，即法律意识中的积极的成分。现代法治意识是人们以法律意识为基础对法律的更高层次的认知和追求，以公民意识为基础和前提，以平等意识、规则意识为核心要素。因此，法治意识既是法律意识的高级形态，也是人们对法律规范认同的自觉程度最高的一种意识。在全面推进依法治国、建设社会主义法治国家的实践中，必须把培育全社会的法治意识贯穿全过程。将法治精神培育放在战略高度来认识，通过强化法治意识，使法治精神浸润人心，增强全社会厉行法治的积极性和主动性，使全体人民都成为社会主义法治的忠实崇尚者、自觉遵守者和坚定捍卫者。

法治思维就是将法治的诸种要求运用于认识、分析、处理问题的思维方式，是一种以法律规范为基准的逻辑化的理性思考方式。它要求崇尚法治、尊重法律，善于运用法律手段解决问题和推进工作。按照对象和主体的不同，法治思维从低到高分为认知判断、逻辑推理、综合决策、建构制度四个层次。法治思维与法律思维既有联系又有区别。两者都是根据法律的思考，以法律规范为逻辑基准进行分析推理判断。不同之处主要在于法治思维蕴含着价值意义上的思考判断，即在法律思维中必须贯穿以人为本或者人权的基本价值标准。另外，法律思维更侧重于强调一种职业化的思维方式，为法律职业者所掌握运用，而法治思维更侧重于强调一种治国理政的思维方式，是为执政者或者公权力的执掌者掌握运用的思维方式。各级领导干部的法治思维和依法治国能力强弱，直接影响着党的执政根基和国家的长治久安。因此，习近平总书记反复强调："各级领导干部要提高运用法治思维和法治方式深化改革、推动发展、化解矛盾、维护稳定能力，努力推动形成办事依法、遇事找法、解决问题用法、化解矛盾靠法的良好法治环境，在法治轨道上推动各项工作。"这一重要指示，为各级领导干部提高法治思维水平指明了前进方向、提供了根本遵循。

法治理念是对法治的性质、功能、目标、价值取向和实现途径等重大问题的系统认识和反映，它根植于一国法治实践之中，对法治实践起着指导和推动作用。法治理念作为法治建设的理论基础和实践向导，是人们对法治的内在要求、精神实质、基本原则的理性认识和高度概括，是指导立法、执法、司法和守法实践的思想基础和价值取向。中国特色社会主义法治理念，是中国社会主义民主与法治实践经验的总结，其内容可以概括为：第一，党的领导。党的领导是社会主义法治的根本保证。必须始终坚持党在社会主义法治建设中总揽全局、协调各方的核心领导地位，切实做到党领导人民制定宪法和法律、党领导人民执行宪法和法律、党必须在宪法和法律范围内活动，把党的领导贯彻到依法治国的全过程和各方面。第二，人民民主。法治是人民民主权利的基本保障。必须依法实行民主选举、民主决策、民主管理、民主监督，把人民当家作主的权利落实到具体实践中，更好地体现出社会主义民主的优越性。第三，依法治国。依法治国，首先是依宪治国；依法执政，关键是依宪执政。必须保障宪法的实施，落实党的依法执政方略，全面实现依法行政，加快司法改革，建设法治社会。第四，公平正义。公正是法治的生命线。必须完善司法管理体制和司法权力运行机制，规范司法行为，加强对司法活动的监督，努力让人民群众在每一个司法案件中感受到公平正义。第五，制约公权。制约公权是保障人民正当利益的利器。必须强化对公共权力运行的制约和监督，让权力在阳光下运行，把权力关进制度的笼子里，确保人民赋予的权力始终用来为人民服务。第六，保障人权。尊重和保障人权，是社会主义制度的本质要求。必须坚持以人民为中心的发展思想，增进人民福祉，发展人民民主，维护社会公平正义，保障人民平等参与、平等发展，保证人民在发展的基础上享有广泛的权利和自由，促进人的全面发展。

法治信仰是社会主体对社会法的现象的一种特殊的主观把握方式，是社会主体在对社会法的现象的理性认识的基础上油然而生的一种神圣体验，是对法的一种心悦诚服的认同感和依归感，是人们对法的理性感情和意识等各种心理因素的有机的综合体，是法的理性和激情的升华，是主体关于法的主观心理状况的上乘境界。一个国家要实现法治化，必须有足够的社会公众对法律的尊重、认可和接受。培养社会公众的法律信仰能很好地促成一国法治精神的形成，从而达到一国法治化状态的确立。法律信仰是西方文化里的概念，产生在古希腊罗马时期，随后经历了西方各种弘扬法治精神的文化建设而定形。西方国家的法治历史发展经验表明，一个国家公众的法律信仰对其法治化形成的作用是非常重要的。我国正在建设社会主义法治国家，培养社会公众法律信仰是法治建设的一种内在需要。培育法治信仰，是建设法治国家的思想基础。要通过丰富多样的法治实践活动，让群众感受到法律的存在，从而培养用法、信法的意识；用良法善治体现法治公正，引导公民树立敬畏法律、崇尚法治的信念；努力使依法解决纠纷成为化解社会矛盾的主要方式，增强公民规则意识，使利益诉求在法治秩序下进行；把法治教育当作百年大计来抓，注重把课堂教育与社会教育、普及法律知识与掌握法律精神结合起来，使法治成为公民自觉信奉的核心价值观，为法治中国建设奠定长远基础。

第二节　科学完备的法治制度

英国文化学者马林诺夫斯基认为："社会制度是构成文化的真正要素。"没有法律，就谈不上法律文化。法律是法律文化这一社会文化存在的前提和基础。而法律又直接表现为一系列的制度体系和规范体系。作为法律表现形式的法律规范和法律制度是法律文化的重要组成内容。这种由各种法律规范、法律制度所构成的制度层面的法治文化，最能为社会公众所直观了解和认知。

法律规范是法治制度文化中的第一层次，也是最高层次。这是由法律规范本身的地位和作用决定的。法律规范将一个社会中占主导地位的法治精神或法律价值体系用法律的形式反映和表现出来，规定和制约着全社会成员的行为方向，成为一种为社会成员必须遵守的行为模式和准则。法律规范规定了一个社会的各种政治制度、经济制度、文化制度乃至法律制度，规定了法律组织机构以及法律设施的设置和建造，规定了法律创制的各种规则和法律运行的程序等，是各种法律制度的规范化表现形式，也是该社会当下法治精神的集中体现和承载。因此，人们通常所说的法律，主要是指法律规范。法律规范是制度性法治文化的核心内容。

法律制度一般是由法律规范规定的。一个国家有什么样的法律制度，该法律制度之所以是这样而不是那样，都是由国家的一整套法律规范所确定的。考察一个国家的法治文化，法律制度是一个很重要的内容。法律制度是法治文化中法治精神外在的、制度化的表现方式。通过对法律制度的比较研究，我们可以洞悉和了解各自不同的法律价值体系。仔细考察一下具体的法律制度，如两审终审制度、陪审制度、辩护制度、公审制度、上诉制度、再审制度等，都可以发现其中所包含的文化上的特点。这些制度的确立，都体现了人类在长期的法律实践活动中的一些文化积累和经验。

法律制度的重要意义在于，它构成了一个社会法律生活的核心内容，成为了法律运行的主要方式。它同法律规范不同，法律规范一般呈现一种静态化。法律规范一经颁布（除非修改或废止）便成为固定的东西。而法律制度则由一系列的法律规定构建出来，形成对某类事项进行处理时必须参照和遵守的体系化要求与标准。正是这些标准和要求在具体地调控着现实生活。在现实生活的不同情况下，这些标准和要求通过动态化的排列组合，确定最适合的标准和要求序列，实现最恰当的调控。因此由法律制度来进行调控的法律生活也呈现出纷繁复杂的多样性。在包括立法、司法、执法、守法等法的整个运行过程中，其活动的依据和方式便是法律规范所规定的各种法律制度。现代国家在立法活动的全过程中，都是按照一套既定的立法制度和立法程序（也是一种制度）来创制法律的。司法审判从起始到终结，也都是按照一整套司法审判制度来进行的。法治国家的政府运行，也都要求依法行政。这其中的法，便是法律规范，更明确地讲，是指法律规范所规定的政府运行所应遵循的各项法律制度和程序。如若违反这些制度和程序，从而构成侵权行为，公民和法人便可提出行政诉讼。在法治文化发展的过程中，法律制度作为法治文化的核心内容，历来为各个国家所重视。

为了创制法律和使法律规范、法律制度能够在国家的政治生活和社会生活中得到充分实现，就必须建立与之相配套的法律组织机构和有关的法律设施。这些都是为了保证法律的创制以及实践活动的正常进行而建立起来的。法律组织机构是根据法律所规定的不同的权力职能范围而分设的。各个不同法律机构的存在，实现了法律活动和法律秩序中权力和职能的不同分工。法律组织机构的不同反映了各个民族和国家不同的文化形态，也能反映出法治文化发展水平的差异。从某种意义上说，法律组织机构和法律设施是一个国家法律制度的重要构成内容。在研究中外法律制度的发展历史时，有关法律组织机构及其发展演变情况都是研究的重要内容。法律组织机构同社会形态有关，同各国法律发展进程有关，也同一个国家的法律传统、文化传统有关。西方的议会制度和参议院、众议院等组织是西方历史文化传统的结果；同样，中国的人民代表大会制度，也是在社会主义条件下中国国情和政治、经济以及文化传统的体现。从司法制度的发展看，英国的衡平法院、美国的最高法院、中国的人民法院以及西方一些国家的宪法法院等组织形态无不是各国历史文化的反应和表现。从中我们都可以看出各种法律组织机构形态同各国文化的密切关系。法律组织机构的发展演变，也反映了一个国家或社会法律文化的变迁。法律组织机构的发展变化，本质上是受制于由社会物质生产方式和生活方式导致的社会变化而引起的法律上的变化。

　　党的十八届四中全会提出全面推进依法治国，总目标是建设中国特色社会主义法治体系，建设社会主义法治国家。建设社会主义法治体系，包括完备的法律规范体系、高效的法治实施体系、严密的法治监督体系、有力的法治保障体系和完善的党内法规体系。中国特色社会主义制度是中国特色社会主义法治体系的根本制度基础。如果没有这个制度基础，我国的法律、法治建设就会失去服务的对象，社会主义法律体系、法治体系也就没有存在的必要。首先，社会主义法治五大体系有机统一，为中国特色社会主义制度自我完善提供有效平台与路径。这五大体系既有理论层面，也有实践层面；既有制度层面，也有运行层面；既有国家层面，也有党的层面；既能实现依法治国、依法执政、依法行政的共同推进，也能实现法治国家、法治政府、法治社会的一体建设。其次，法治体系与国家治理体系和治理能力建设有机统一，为中国特色社会主义制度有效运行提供了坚实的法律与制度基础。社会主义法治体系建设从立法、执法、司法和守法四个层面展开。因而，它是一个系统工程，其建设和发展必然带来国家治理领域的深刻变革。对国家治理体系建设来说，法治体系建设既是其基本任务，也是其得以确立并产生效能的关键。社会主义制度只有借助有效的国家治理体系才能得到有效运行，获得巩固和完善。所以，以国家治理体系和治理能力现代化为取向的法治体系建设，必将全面支撑中国特色社会主义制度落实与运行，并孕育出一套与之配套、保障其运行的体制机制。再次，法治体系建设与法治能力提升有机统一，为中国特色社会主义制度的巩固与完善创造良好社会基础与文化支撑。任何制度只有扎根民心，才能最终巩固。这就要求制度运行与实践能够全面具体地渗透到人民生活各个环节，并在其中起积极作用；要求法治价值、体系、程序与运行能够有效嵌入社会，契合社会内在要求与发展现实。这其中既强调法治体系建设，也强调法治能力提升，两者相辅相成。经验表明，良好法治才能树立良好价值体系，才能创造有效制度认同。社会主义法治体系建设将为我国改革发展创造全新的发展动力和发展平台。

第三节　守法用法的法治行为

徒法不足以自行。没有法治实践，法律制度不过是一纸空文。作为法治的基础工程，建立、健全法律制度，使"一切皆有法式"可依，是法治的前提。而要使纸上的法成为现实的法、具体的法，则要依赖法治实践，使法的功能在社会生活中发挥实在的作用。也正因为如此，行为法学派为凸现法治行为的重要性，直接将法等同于行为。

人们的法律行为最能体现一个国家或地区的法治文化，是检验一个国家或地区法治文化程度高低的主要标识。每一个在社会中生活的人几乎都会发生法律行为。按照与法律接触的频率，可将公民划分为三个群体：法律工作者、其他国家工作人员、普通公民。法律工作者包括立法人员、司法人员和其他法律工作者，如律师、公证员、仲裁员等，法律工作者除了日常生活中的涉法行为之外，因其从事法律工作，所以他们在工作中的行为绝大多数情况是法律行为；其他国家工作人员系指法律机关之外的国家工作人员，从某种意义上讲，国家工作人员都是执法人员，都需要按照国家的法律和部门的法律法规来活动，所以他们是否依法行政都属法律行为；普通公民的法律行为是指他们在日常生活和工作中的涉法行为。

社会主义法治行为文明作为法治观念文明和法治制度文明相结合而最终形成的外部表征，其内容主要表现为：①立法行为的科学化和民主化。立法要充分体现以民为本、立法为民理念，贯彻社会主义核心价值观，使每一项立法都符合宪法精神、反映人民意志、得到人民拥护；②行政行为的规范化和文明化。建立起权责统一、权威高效的依法行政体制，建设成为职能科学、权责法定、执法严明、公开公正、廉洁高效、守法诚信的法治政府；③司法行为的公正化和诚信化。通过完善司法管理体制和司法权力运行机制，规范司法行为；④守法行为的自觉化和准确化。通过加强法治宣传教育，让人民群众内心拥护和真诚信仰法律的权威，使全体人民都成为社会主义法治的忠实崇尚者、自觉遵守者和坚定捍卫者。《中共中央关于全面推进依法治国若干重大问题的决定》（以下简称《决定》）指出，坚持依法治国、依法执政、依法行政共同推进，坚持法治国家、法治政府、法治社会一体建设。依法治国是中国共产党领导人民治理国家的基本方略。落实依法治国基本方略，加快建设社会主义法治国家，必须大力培育以依法执政、科学立法、严格执法、公正司法和全民守法为主要内容的社会主义法治行为文化。

依法执政是法治行为文化中具有决定性的法治行为。宪法法律至上，是现代法治国家的重要标志，也是衡量现代社会文明进步的重要标准。依法治国是我国宪法确定的治理国家的基本方略，这就要求我们党必须实现执政方式的转变，要明确党必须在宪法法律范围内活动，不能拥有任何超越宪法和法律的特权。依法执政要求党要领导立法、保证执法、带头守法，任何组织与个人都不能凌驾于宪法和法律之上；任何权力都要受到宪法和法律的约束，不允许任何人以权代法、以权压法、以权废法。要坚持依法治国基本方略和依法执政基本方式，善于使党的主张通过法定程序成为国家意志，善于使党组织推荐的人选成为国家政权机关的领导人员，善于通过国家政权机关实施党对国家和社会的领导，支持国家权力机关、行政机关、审判机关、检察机关依照宪法和法律独立负责、协调一致地开展工作。各级领导干部要提高运用法治思维和法治方式深化改革、推动发展、化解矛盾、维护稳定的能力，努力推动形成办事依法、遇事找法、解决问题用法、化解矛盾靠法的良好法治环境，在法治轨道上推动各项工作。此外，按照依法执政的要求，各级党组织从方向和组织上实现对政法工作的领导，但在具体工作中，要理顺党委、政法委和司法机关之间的关系，支持司法机关依照宪法和法律独立行使职权，而不能非法干预，甚至越俎代庖。

科学立法是法治行为文化中具有导向性的法治行为。科学立法是全面推进依法治国的首要环节。中国特色社会主义事业的全面发展和不断进步对科学立法工作提出新要求，从必须坚持和发展中国特色社会主义的角度，加强和改进新形势下的立法工作，适应经济建设、政治建设、文化建设、社会建设、生态文明建设五位一体总体布局的发展要求；推进全面深化改革、确保重大改革于法有据对科学立法提出新课题，必须紧紧围绕全面深化改革的战略部署和确定的目标、任务、要求，来谋划和推进依法治国特别是立法工作，努力使立法进程同改革开放进程相适应；妥善解决各种突出矛盾和问题对科学立法提出新挑战，必须善于运用法律的权利与义务、权力与责任机制充分调动各方面积极性，善于在制度范围内、在法治轨道上及时调整和处理各种社会关系、利益关系，有效应对和化解社会矛盾，促进社会公平正义；全面推进依法治国对科学立法提出新期待，必须以更高的标准加强和改进立法工作，及时进行法律的立改废释，加强法律、法规以及规范性文件的衔接和配套，发挥法律体系整体功效，推动法律体系完善发展。所有这些，都要求我们在立法实践中，以宪法为最高法律规范，继续完善以宪法为统帅的中国特色社会主义法律体系，把国家各项事业和各项工作纳入法制轨道，实现有法可依、有法必依、执法必严、违法必究，实现国家和社会生活制度化、法制化。全国人大及其常委会要加强重点领域立法，拓展人民有序参与立法的途径，通过完备的法律推动宪法实施，保证宪法确立的制度和原则得到落实。国务院和有立法权的地方人大及其常委会要抓紧制定和修改与法律相配套的行政法规和地方性法规，保证宪法和法律得到有效实施。要通过科学立法切实保障全体公民享有广泛的权利，保障公民的人身权、财产权、基本政治权利等各项权利，实现公民的经济、文化、社会等各方面权利，保障人民群众对美好生活的向往和追求。

严格执法是法治行为文化中具有关键性的法治行为。严格执法是依法治国的关键。法律的生命力在于实施，法律的权威也在于实施。当前法律实施环节存在的很多问题，不少是由于执法失之于宽、失之于松，选择性执法、随意执法等问题引起的。各级国家行政机关、审判机关、检察机关要坚持依法行政、公正司法，加快推进法治政府建设，不断提高司法公信力。国务院和地方各级人民政府作为国家权力机关的执行机关和国家行政机关，负有严格贯彻实施宪法和法律的重要职责。要规范政府行为，切实做到严格规范公正文明执法。全国人大及其常委会和国家有关监督机关要担负起宪法和法律的监督职责，加强对宪法和法律实施情况的监督检查，健全监督机制和程序，坚决纠正违宪违法行为。地方各级人大及其常委会要依法行使职权，保证宪法和法律在本行政区域内得到遵守和执行。

公正司法是法治行为文化中具有引领性的法治行为。公正是司法的底线，是全面推进依法治国、提高司法公信力的核心要求与重要保障。在法治国家的权力系统中，司法权有着极其重要的地位和作用。《决定》指出："司法公正对社会公正具有重要引领作用，司法不公对社会公正具有致命破坏作用"。司法权是守护国家法律的一项重要权力，是社会公平正义的最后一道防线。司法公正，违法必究，才能惩恶扬善，救济权利，引导人民群众尊重和服从司法裁判，发挥教育人民群众信法守法的作用并提升全民的道德水准。司法公正反映着权力与权利关系的合理调整，反映着社会法治追求的保障水平。如果司法不公，就不能发挥司法解决矛盾纠纷、制裁违法犯罪、调节利益关系的基本功能，就不能维护社会的公平与稳定。如果司法这道防线缺乏公信力，社会公正就会受到普遍质疑，社会和谐稳定就难以保障。当前，司法领域确实存在着司法不公、司法公信力不高的突出问题。一些司法人员缺乏职业良知、作风不正、办案不廉，办金钱案、关系案、人情案。司法不公造成了不少冤假错案，在侵害当事人权利的同时，更损害了司法权威，损害了人民对社会公平正义的信心。因此，以公正为标准，改革和完善我国司法制度，加强人权司法保障，是提高司法公信力的当务之急。

全民守法是法治行为文化中具有基础性的法治行为。守法诚信是社会公众的基本规范，是任何集体和成员立足于社会的必要条件。做到全民守法，关键在于坚定地信仰法律，有效地实施法律，自觉地遵守法律，使尊法、信法、守法、用法、护法成为全体人民的共同追求。不管是公权力主体还是普通公民，都要树立"有权力就有责任、有权利就有义务"的观念，严格按照法律规定办事，遵守法律规则。每一位公民，都要在宪法法律范围内行使权利和义务，强化规则意识，倡导契约精神，弘扬公序良俗，自觉履行法定义务、社会责任、家庭责任。同时，完善守法诚信褒奖机制和违法失信行为惩戒机制，利用公开透明的信用信息记录，对诚实守信者实行激励政策，树立典型示范；实行失信发布制度，建立严重失信行为黑名单制度和市场退出机制，使人民群众把法治内化于心、外化于行，成为一种生活方式、一种行为习惯，把"纸面上的法"真正落实为"行动中的法"，在全社会形成遵纪守法、诚实守信的良好氛围。

第四节　学法遵法的法治环境

法治环境是指全社会主张依法而治所形成的特定意义上的社会环境，是社会管理趋向文明过程中所形成的制度化特征，对社会生产力的发展起着维护、保障、促进、规范和巩固的作用。法治环境体现了一个国家实施法治的状态和水平，是一个国家社会管理和文明建设的法治化特征。法治环境的优劣是一国法治文化发展程度和水平的表现。依法治国要求作为反映社会主体共同意志和根本利益的法律具有至高无上的权威，在全社会得到普遍遵守和有效实施。法律的权威和生命在于实施，法律的实施水平直接表征一个国家的法治环境。人们不仅看你制定了多少条法律，更看你落实了多少条法律。没有实践的法律，只是挂在墙上的法律和写在纸上的法律，不会有实际效用，不会有尊严权威，更难以形成人们不愿违法、不能违法、不敢违法的法治环境。

法律的权威源自人民的内心拥护和真诚信仰。拥护和信仰的起点是了解，不知法律规范如何，就无从信仰和遵守。良好的法治环境存在的基础性前提是全民知法。党的十八届四中全会以来，党中央高度重视法治宣传教育在全面推进依法治国中的重要作用，对相关工作做出了一系列部署：一是把法治教育纳入国民教育体系，从青少年抓起，在中小学设立法治知识课堂，使广大青少年从小掌握法律知识，养成学法习惯；二是健全普法宣教机制，逐步从法制宣传教育向法治宣传教育转变，既包括对法律体系和法律制度的宣传，也包括对立法、执法、司法、守法等一系列法律实践活动的宣传，实行国家机关"谁执法谁普法"的普法责任制，根据区域特点和实际需要开展群众性法治文化活动，加强新媒体在普法中的运用，实现普法宣传无死角；三是完善立法体制机制，坚持立改废释并举，增强法律规范的及时性、系统性、针对性、有效性，同时考虑到法律规范的简明性、通俗性以及可操作性，避免"滥、乱、空、虚"，方便人民查阅、理解和运用。这一系列举措的有效落实，对于在全党全社会培育法治意识、法治精神、法治理念、法治信仰，实现科学立法、严格执法、公正司法、全民守法，加快建设社会主义法治国家，必将起到积极的促进作用。

法律必须要获得人民的信任，才能成为人民的行为选择。只有保证公民在法律面前一律平等，尊重和保障人权，保证人民依法享有广泛的权利和自由，法律才能深入人心、走入人民群众，法律实施才能真正成为全体人民的自觉行动。要坚持法律面前人人平等，任何组织和个人都必须尊重宪法法律权威，都必须在宪法法律范围内活动，都必须依照宪法法律行使权力或权利、履行职责或义务，都不得有超越宪法法律的特权；必须维护国家法制统一、尊严、权威，切实保证宪法法律有效实施，绝不允许任何人以任何借口任何形式以言代法、以权压法、徇私枉法；必须以规范和约束公权力为重点，加大监督力度，做到有权必有责、用权受监督、违法必追究，坚决纠正有法不依、执法不严、违法不究行为。要依法保障全体公民享有广泛的权利，保障公民的人身权、财产权、基本政治权利等各项权利不受侵犯，保证公民的经济、文化、社会等各方面权利得到落实，努力维护和保障最广大人民根本利益。要依法公正对待人民群众的诉求，努力让人民群众在每一个司法案件中都能感受到公平正义，决不能让不公正的审判伤害人民群众感情、损害人民群众权益。要牢固树立宪法和法律的权威，让广大人民群众充分相信法律，认识到法律是全体公民必须遵循的行为规范，引导公民既依法维护合法权益，又自觉履行法定义务，做到享有权利和履行义务相一致。

法律既是必须遵守的行为规范，又是保障权利的有力武器。法治建设以保障人民根本权益为出发点和落脚点，为了人民、依靠人民、造福人民、保护人民是社会主义法律的重要使命。人民群众积极运用法律维护自身权益的意识与实践，是法治环境又一重要指标。一方面，鼓励和支持人民群众依靠法律维权，在法律范围内最大限度保护自身利益不受侵害。《中共中央关于全面推进依法治国若干重大问题的决定》提出，要建设完备的法律服务体系，完善法律援助制度，健全司法救助体系，保证人民群众在遇到法律问题或者权利受到侵害时获得及时有效的法律帮助。这些都是了为了保障人民群众能够有效运用法律、敢于争取自身合法权益而进行的积极探索。全面推进依法治国，就要通过加强社会主义法治建设，通过宪法和法律的有效实施，保障人民群众的生命财产安全，保护人民的人格尊严和各方面权益。具体就是，保障公民人身权、财产权、基本政治权利等各项权利不受侵犯，保障公民经济、文化、社会等各方面权利得到落实，保障诉讼过程中当事人和其他诉讼参与人的知情权、陈述权、辩护辩论权、申请权、申诉权，实现公民权利保障法治化；深入推进社会治安综合治理，完善立体化社会治安防控体系，有效防范化解管控影响社会安定的问题，特别是要依法严厉打击暴力恐怖、涉黑犯罪、邪教和黄赌毒等违法犯罪活动，依法强化危害食品药品安全、影响安全生产、损害生态环境、破坏网络安全等重点问题治理，努力建设平安中国；依法处理和化解涉及人民群众切身利益的突出问题，最大限度减少社会纠纷对人民群众造成的伤害和损失，维护好人民群众的权益。法治建设保护人民，还要防止公共权力对人民安全的侵犯。另一方面，要把各种执法活动置于群众的监督之下，鼓励和支持人民群众勇于拿起法律武器进行监督，以防止权力滥用，克服权力腐败。人民群众对有法不依、执法不严、违法不究和以言代法、以权压法、徇私枉法的行为，由敢怒不敢言到开始理直气壮地依法进行斗争，说明依法监督意识明显增强，在保证权力正确行使和运用中发挥了积极作用。目前，检察机关根据群众举报而立案侦查的贪污贿赂、渎职等职务犯罪案件，占查办职务犯罪案件总数的比例明显提高，不少大案要案就是由群众举报而得到查处的。实践告诉我们，不断增强人民群众的法治意识，真正使法律成为人民群众手中的锐利武器，切实维护国家根本利益和自身的合法权益，是推进法律实施、提高法律公信力、建设良好法治环境的有效途径。

依法行政、公正司法是尊法、护法的关键。常言道："公生明，廉生威。"依法行政是建设法治政府的内在要求，公正司法是彰显法律权威的关键所在。各级领导干部和公务人员要有清晰的社会主义法治理念、法治精神，坚定依法用权的自觉性，坚决维护宪法和法律的权威。按照"法定职权必须为、法无授权不可为"的要求，依法用权、秉公用权、廉洁用权，不因私利抛公义，不因私谊废公事，坚决破除领导干部干预司法、以权压法，确保权力正当授予、规范运行。善于用法治思维和法治方式想问题、做决策，把合不合法、合不合规作为决策的前提条件，最大程度避免决策不当、决策失误。采取立法手段让权力始终在阳光下运行，切实提高权力行使过程中的公开性和透明度，不断铲除滋生"暗箱操作""潜规则"的土壤，使得法律执行体现出社会的公平正义和公序良俗，使各级领导干部和公务人员的执法行为成为良好法治环境的有力支撑。

第六章　新时代法治文化的主要功能

　　作为一种稳定持久的软实力，社会主义法治文化对促进社会主义法治建设发挥着重要的内在支撑作用，是推动、维持、强化社会主义法治的关键动力源。明确中国特色法治文化的主要功能，对于确立其战略地位、分析制约因素、明确路径选择、坚持目标取向，推动社会主义法治文化不断开创新局面，具有重要的理论价值和实践意义。

第一节　法治文化的引导功能

　　法治文化的引导功能是作用于社会行为发生之前，对社会行为的模式以及行为的后果进行整体布局、规划的功能，简而言之就是划定路线与方向。引导是法治文化发挥作用、显示价值的重要形式。

　　引领国家发展方向。发展是我国目前的第一要务，是解决一切问题的根本，但发展离不开法治文化的保障和引领。首先，宪法指明了发展方向。宪法是国家的根本大法，规定了国家的国体、政体和经济、政治、文化、社会、生态文明等领域的基本制度及活动准则，规定了党和国家发展的根本任务和奋斗目标，是治国安邦的总章程，具有最高的法律地位、法律权威、法律效力，具有根本性、全局性、稳定性、长期性。宪法反映了全体人民的共同意志和根本利益，反映了社会发展的根本要求，是一个历史时期党和国家中心工作、基本原则、基本方针、基本政策在法治上的体现。国家的发展实践从观念到行为都必须遵守宪法这个基本前提。其次，法治文化为发展提供保障。改革若想啃下"硬骨头"、渡过"险滩"，不走样不变形，需要法治文化；发展若想冲破落后的观念障碍，打破固化的利益藩篱，从根本上规范好各种经济关系和行为，需要法治文化；在全社会寻求并凝聚最大共识、守卫30多年改革发展成果、保障社会稳定与人民利益，加强国际交流与合作，需要法治文化。因此，法治文化的作用体现在保持国家基本制度稳定，引领和确保国家始终沿着正确方向前进。

确立社会行为规则。行为规则是人们参与社会活动所遵循的具体的、基本的原则和规范，具有长期的、稳定的使用性。根据对象不同、内容不同、场合不同，行为规则的叫法也有所不同，如规章、制度、准则、标准、纪律等。行为规则是社会秩序和社会规范的重要内容。治理国家、治理社会，必须立规则、讲规则、守规则。没有规则不成方圆。法律就是国家最大的规则，规定了每个公民、法人、政党、社团必须遵守的基本行为规范，赋予国家管理的权力并明确其边界。法治首先是一种整体性的规则系统，法治最基本的功能，就是明确告知人们，国家希望社会成员能做什么、不能做什么，哪些行为是禁止并将受到惩罚的，并要求所有社会成员必须遵守这些行为规则。规则的实际有效性和法治文化的教化与调控是法治文化的内在生命，而规则的实际有效性又依赖于法治文化的繁荣和发展程度，因为，人们的社会行为总是要接受文化的指令。此时，法治的文化功能就在更深的层次上发挥作用，帮助人们在内心把握法治的规则要求，将其内化为理性的行为选择，当面对复杂多变的现实或出现立法空白和冲突时，就会借助自己的法治理念做出是非或可否的判断，从而确立相对稳定的行为规则，避免任意行事对法治的破坏。

整合各方利益关系。社会主义法治是人民意志的集中体现，是人民利益的根本保障。一方面，社会主义法治是社会关系和人的行为的调节器和平衡器，通过法定程序指定法律能够最大限度凝聚各方面利益诉求，最大限度达成共识；另一方面，社会主义法治的基本属性是平等，社会主义法治的基本功能在于平等地保护每个人的合法权益，并以法律为准绳协调各种利益关系、维护社会公平正义，有利于在尊重个人权益基础上构筑全社会利益共同体和命运共同体。实践证明，法律制定和实施的过程实质上就是社会利益的整合过程，法治文化的良性发育能够强化人们对利益共同体的认知和认同，是整合社会利益的最有效机制。当前，我国社会转型过程中社会分化引起的社会结构尤其是社会利益结构的重大变化产生出诸多社会矛盾和现实问题，如果这些矛盾和问题得不到有效解决，那么在整个社会的发展过程中就有可能引发重大的社会危机，对这些变化了的社会结构进行新的整合，形成新的社会的"稳态"。为了使整个社会能够协调发展，必须发展并强化社会主义法治文化的整合功能，并积极探索新的整合方式、整合手段和整合途径。

调解各类社会矛盾。矛盾是普遍存在的，社会矛盾（人们之间的矛盾）

也是普遍存在的。社会矛盾大都是一定的生产力条件下的生产关系所制约的利益关系和其他社会关系的反映，所以社会矛盾说到底都是人们之间的利益矛盾，因而，化解社会矛盾就是要协调或化解人们之间的利益关系、利益矛盾。社会矛盾、利益矛盾多种多样，不同时代、不同社会、不同情况下的社会矛盾的性质也有很大区别，处理这些矛盾的途径和手段也多种多样。但不外乎两大类：直接暴力的、战争的手段；非暴力的、和平的手段。尽管法治的实施往往离不开国家强制力的保障，但法治手段基本上属于非暴力的和平手段。实践证明，法律是定纷止争的最有效手段。法律明确规定了社会成员的行为和利益边界，是社会利益关系的最大公约数，能够被全体社会成员普遍认同和遵守。以法律为依据构建冲突解决机制，在法治轨道上解决矛盾和纠纷，可以避免或减少矛盾激化和社会冲突，确保社会正常秩序。当前，经济发展进入新常态，社会转型遇到新问题，在经济体制深刻变革、社会结构深刻变动、利益格局深刻调整、人们思想观念深刻变化的形势下，因各种原因引发的社会矛盾，已经成为影响社会稳定很突出、处理起来很棘手的问题，必须运用法治思维和法治方式化解矛盾纠纷，推动维护稳定工作迈入依法治理轨道。

凝聚社会最大共识。法治具有惩恶扬善的功能。惩恶，就是对违法行为进行惩处，防止违法行为造成更大的危害，同时也警示人们不能逾越法律红线、触碰法律底线，从而维护社会公正、弘扬社会正气。扬善，就是清晰地告知人们法治是保障自身权利的有力武器，只要在法治的轨道上行事，就能够确保自身利益的实现和不受侵犯。充分发挥法治惩恶扬善的功能，有利于在全社会树立守法者得利、违法者吃亏、犯罪者必惩的价值导向，扶正祛邪，增强社会凝聚力、向心力。党的十八大后，改革发展进入一个新的历史阶段。在利益多样化、观念多元化的今天，无论是破除妨碍科学发展的体制机制弊端，还是加快政治体制改革；无论是加快完善文化管理经营体制，还是形成科学有效的社会管理体制；无论是加快推进生态文明建设，还是解决征地、拆迁和信访等民生问题，法治都是最大的共识。历史发展告诫我们，今天，只有法治，才能凝聚共识；只有法治，才是治国理政的基本方式。

促进经济健康发展。法治反映了一个国家一定阶级经济社会发展的客观要求，是国家意志的体现，为经济社会发展指明方向、营造环境、提供保障。当前，在社会主义市场经济条件下，我们必须牢牢把握市场经济的特点规律，坚持市场经济就是法治经济的发展理念。市场主体具有独立地位，能够按照自己的意愿自主从事经营活动；市场经济是契约经济，市场主体之间能够平等协商、等价有偿进行公平交易；市场经济是竞争经济，市场主体能在统一、公正、有序的环境下展开竞争。基于此，公权力必须置于法律框架之下，主动退出市场经营活动，划定自己的职权范围，并用法律来明确市场主体的产权关系、交换关系和竞争关系。否则，靠计划经济时期的思维行事，就有可能失去有序可预期的有利环境，造成大起大落，反复无常，从而破坏市场经济的行为规则和基本规律，最终破坏市场经济自身。另外，社会主义法治文化也必须适应社会主义市场经济的特点和规律，努力发挥其规范经济行为，创造公平公正、公开透明的社会环境的作用，这对于提供稳定的社会预期，引领和保障社会经济持续健康发展具有重要意义。

法治文化是法治建设的内在要求，但当前我国法治文化并不成熟。如有的管理者信奉法律工具主义，把法律当作其行使职权的工具，把人民群众看成是被治理的对象，法治沦落成为少数管理者的特权，权力本位意识仍然浓厚，公权膨胀和法治式微；部分社会成员尊法信法守法用法和依法维权意识不强，信权不信法、信闹不信法、信访不信法的现象较为普遍地存在；一些国家工作人员依法办事观念不强、能力不足，知法犯法、以言代法、以权压法、徇私枉法现象依然存在。

法治文化建设是一项基础性、长期性、群众性的工程。当前的法治文化建设重点在于：坚持正确的法治文化价值取向；着力提升主体的法治文化素质；积极打造社会的法治文化氛围。

第一，坚持正确的法治文化价值取向。我国社会主义法治文化的价值取向主要表现在法律至上、权力制衡、维护人权、公平正义、程序公正五个方面。树立宪法与法律的绝对权威，是法治文化建设的终极追求；权力制衡是法治与人治的一个根本理念区别；保障人权是法治文化建设的重要工作方向；公平正义是执法司法的最本质的价值追求；程序公正是实现公平正义的前提和保障。

第二，着力提升主体的法治文化素质。法治文化建设实质上就是以法治精神塑造人，以法治信仰引导人，以法治实践提高人，以法治文化熏陶人，最终实现人的法律素质不断提升、法治意识得以确立。一是发挥领导干部的领头羊的作用。领导干部法治观念、法治意识如何，直接关系到法治文化建设的成效，领导干部带头学法、模范守法是建设法治文化的关键，要抓住领导干部这一"关键少数"。二是加强法治文化人才队伍建设。法治文化人才是法治建设的重要力量，其肩负着研究法治理论、创作法治文化作品、弘扬法治精神等多重使命。必须着力建设一支忠于党、忠于国家、忠于人民、忠于法律的社会主义法治工作队伍。三是对普通民众做好民主权利意识、知法守法意识的教育，帮助其树立信法、护法的法律思维习惯。

　　第三，积极打造社会的法治文化氛围。一是发挥执法、司法的引领作用。执法、司法是人民群众感知法治建设的载体，公正是法治的生命线。建设"职能科学、权责法定、执法严明、公开公正、廉洁高效、守法诚信"的法治政府，构建开放、动态、透明、便民的阳光司法机制，实现公平公正，增强司法公信力，在法的实施环节引领人民群众崇尚法治。二是建立健全法治文化建设的制度政策体系。充分发挥各地区的立法权优势，在制度层面为本地的法治文化建设提供保障。三是加强法治文化宣传。创新法治宣传工作理念、机制、载体和方式方法，不断提高法治宣传教育的针对性和实效性。深化法律进机关、进企业、进单位、进社区、进学校的主题活动，推进"互联网＋法治宣传"行动，促进国家公务员法治文化、企业法治文化、社区法治文化、街区法治文化、校园法治文化以及家庭法治文化建设。

第二节　法治文化的规范功能

　　规范，从语义本身来看，既包含了名词"约定俗成或明文规定的标准"的释义，又包含了动词"使合乎规则"的释义。因此，社会主义法治文化的规范功能，就是指通过对法律法规的反复适用，使人们对法的认知水平得到提高，并逐步从法律条文层面进入内心层面，这样人们就有可能习惯于守法，最终形成一种意志和行为自觉。具体说来，法治文化通过其指引、评价、预测和告示等作用的发挥，实现对合法行为的保护和对非法行为的谴责、制裁、警戒和预防的规范功能。

　　指引作用。法治文化是一种具有鲜明价值判断和价值取向的文化形态，它具有引领并主导现代法治社会发展进程的作用。社会主义法治文化在价值选择上有以下几个鲜明的特征：在与整个中国特色社会主义的关联关系中，社会主义法治文化应当是以三位一体的中国特色社会主义道路、中国特色社会主义理论体系和中国特色社会主义制度为其根本前提的法治文化；在与社会主义法治理念的关联关系中，社会主义法治文化应当是以"依法治国，执法为民，公平正义，服务大局，党的领导"为指导理念的法治文化；在与世界（特别是西方）法治文明成果的关联关系中，社会主义法治文化应当是充分吸收人类一切优秀法治文明成果的法治文化；在与中华传统文化的关联关系中，社会主义法治文化应该是对中华传统文化"取其精华，去其糟粕"，既植根于母体文化又实现其现代转型和超越的法治文化；在与当代中国"五大建设实践"的关联关系中，社会主义法治文化应当是自觉服务五位一体建设大局并在其宏伟实践中不断发展的法治文化；在与人本宗旨目的的关联关系中，社会主义法治文化应当是自觉贯彻"以人为本"，始终把尊重人的主体地位、保障人的权利和提升人的素质作为根本目的的法治文化；在与社会现实发展阶段的关联关系中，社会主义法治文化是一种与人治文化相对立而存在的先进文化、进步文化形态。正因如此，社会主义法治文化符合社会发展规律要求，符合法治自身科学化的要求，符合广大人民群众根本利益要求，因此它必将对社会主义法治社会建设发挥引领作用。

评价作用。从法治文化的结构维度来考察，法治文化包含两个层面：一是法规制度为代表的显性层面，二是法治精神意识和法治行为方式为代表的隐性层面。显性层面的法治文化作为一种行为标准和尺度，具有判断、衡量人们行为的作用。法治文化评价对象是他人的行为。法治文化不仅能判断行为合法与否，而且由于法治文化是建立在道理、理性之上的，法治文化也能衡量人们的行为是善良的、正确的，还是邪恶的、错误的；是明智的、智慧的，还是愚昧的、愚蠢的，并通过这种评价影响人们的价值观念和是非标准，从而达到指引人们行为的效果。在现实生活中，法治文化同道德文化、宗教文化、风俗习惯和社会团体的规章等都具有对行为的评价作用，但是法治文化所做出的评价作用却有着与它们不同的特点。一方面，法治文化的评价具有比较突出的客观性。法治文化的评价标准主要有合法和违法之分以及"合理性"。也就是说什么行为是正当的，什么行为是不可为的，这在法律规范中有明确的规定。而且，法律是没有感情的，可以避免其他方式评判时容易犯的感情用事的毛病，因为法律不是个人智慧的产物，而是由较多的人经过详细研究才制定出来的，因此，法律规范对行为的评价大体上说是不会因人而异的。当然，在利用法律规范对行为评价时，评价者对规范的理解也可能发生细微的、有时甚至是重大的差别。不过，这种差别在其他评价标准中就更为明显和经常。另一方面，法律规范的评价具有普遍的有效性。在同一社会，由于人们道德观念和宗教信仰不同，每个人对一定的行为所做的评价，只有在与该人具有相同标准的那些人中才是有效的。对法律规范来说则不同，不论人们的主观愿望如何，只要他们的行为进入了法律行为的范畴，法律规范的评价对他们来说就是有效的，如果不想受到法的制裁，他们的行为就必须在客观上与法的评价协调起来。

预测作用。这是对当事人双方之间行为的作用。法治文化具有预测作用，或者说，法治文化有可预测性的特征，这指的是在一定的法治文化氛围下，人们可以预先估计到他们相互之间将如何行为，以及行为的后果等，从而对自己的行为做出合理的安排。法律规定的确定性、公开性和稳定性，使人们能够对未来的行为及其后果进行预判。这种预测作用的对象是双方之间的相互行为，包括公民之间、社会组织之间和国家、企事业单位之间以及它们相互之间行为的预测。法治文化内涵的规范性、确定性的特点告知人们如何行为，使人们可以进行相互行为的预测。加之，在显性法治文化层面即法规制度层面，法规制度自身的明确性，和在一定时期内保持的连续性，也给人们进行行为预测提供了可能的前提。一般而言，它分为两种情况：一是对如何行为的预测。即当事人根据社会法治文化环境预计对方当事人将如何行为，自己将如何采取相应的行为。二是对行为的后果进行预测。由于法规制度的存在，人们可以预见到自己的行为是合法的，还是非法的，是有效的，还是无效的，是会受到国家肯定、鼓励、保护或奖励的，还是应受到法律撤销、否定或制裁的。这种预测能够对人们的行为选择进行事先干预，有利于维护社会关系的稳定。因此，法治文化通过行为预测来规范人们的言行，维护社会秩序，保障社会发展。

告示作用。法代表国家关于人们应当如何行为的意见和态度。这种意见和态度以赞成和许可或反对和禁止的形式昭示于天下，向整个社会传达人们可能或必须如何行为的信息。法治文化具有不断强化国家意见和态度，并将这种意见和态度昭告天下的作用。这种作用的发挥是基于法治文化的强化原理，主要体现在正强化、负强化和零强化三个方面。正强化主要是指对符合法治要求的行为在全社会进行肯定和鼓励，并进行巩固和增强。负强化主要是指对违反或者背离法治要求的行为在全社会进行否定和批评，并进行削弱或消除。零强化主要是指对某一行为既不给予肯定也不给予否定，而是让其自生自灭的一种中立态度。法治文化通过其强化作用，告知人们什么是国家赞成的，应当做、可以做的；什么是国家反对的，不该做的；什么是国家的发展目标、价值取向和政策导向，甚至可以从国家的意见和态度推断什么是明智之举，什么是愚昧之举。具体说来，负强化体现在否定性法律后果对违法犯罪行为的制裁上，比如对于触犯了刑律的犯罪分子，剥夺其生命权和自由权等；零强化体现在对道德、宗教、习俗调整范围的宽容层面上，就是对那些不属于法律规范所调整的社会关系予以默许，做到"法律的归法律，道德的归道德，宗教的归宗教，纪律的归纪律"，多元社会规范并存共处、和谐共生、相辅相成；正强化体现在肯定性法律后果对合法行为的褒奖和鼓励上。从"负强化"到"零强化"、再到"正强化"，体现出法治文化从强烈的禁止态度到允许的中立态度、再到鼓励的积极态度，最终目的是让尊重和遵守国家法律成为人们的一种习惯和自然。

法治文化概念的提出意味着执政党对政治合法性的再认识与调整。在当今世界，任何国家的执政党要巩固执政地位，实现其纲领、政策和目标，都必须具备执政的合法性。虽然有着多种不同的界定，但政治合法性大体来说是指凭借某类根基所获得和维持的、被普遍认可的、具有正当性的统治状态。政治合法性的核心是社会公众对统治权力的认可，认可必然是一个动态发展的过程，动态认可的程度和持续性则取决于执政党与政府选择采取何种提供合法性的根基以及奠定这种根基的方式。

基于认可的政治合法性一般预设了政治社会中认可统治的表达机制的存在。在一党执政多党参政的政治结构中，这种认可没有通过多党选举的方式进行。根据罗伯特·威瑟利（Robert Weatherley）的研究，据此断然否定非多党选举的统治的合法性并不一定准确。借用大卫·毕瑟姆（David Beetham）的理论，与"多党选举的合法性"（the electoral mode of legitimacy）通过投票表达大众的认可不同，"一党执政多党参政政治"中的认可更多是在"基于动员的合法性"（the mobilisation mode of consent）中表达。民众的同意是在由执政党和政府制定或推行某一政策或运动的过程中以直接参与的行动来呈现的，普遍的认可即是通过持续性地参与支持政权的政治行动、为政权的政治目标贡献力量的方式表达出来的。这类以动员模式取得合法性的政府，往往是通过革命取得权力的，在后革命时代，对民众参与的持续调动被视为是有正当色彩的革命的延续。

中国共产党一直以来有着较强的政治合法性意识，也一直努力构建和塑造更强的合法性。自改革开放以来，奠定政治合法性的根基很直观地由原先以意识形态合法性为核心、辅以大众动员和个人魅力的奠基方式转向以经济建设为核心的绩效合法性之上，以经济发展和生活水平的提高来获得社会民众的普遍支持。对此，国内形成了颇具规模的研究。不过，绩效合法性的奠基存在着不稳定性，并不是一个一劳永逸的方案，它容易招致美国当代政治家亨廷顿所说的"政绩困局"：经济迅猛发展、收入和生活水平不断提高的时期，民众拥护统治，一旦经济下行，民众的生活水平不能提高乃至恶化，便会产生对统治的质疑。尤其在当下，右翼极端主义势力在全球范围内再次登上历史舞台——经济上反全球化，政治上保守、排外，这样更是加剧了经济下行的压力，这致使加快进一步改革和重塑政治合法性变成一个越来越严肃和急迫的议题。

法治文化概念的提出应当被视为改革和重塑政治合法性的一部分，即当执政党对全体国民承诺要将法治变成整个国家的生活方式与价值观念的时候，若承诺为真，就必然意味着融入文化的法治将成为政治合法性的基础。借用韦伯讨论政治合法性的术语，"全面推进依法治国"作为整体发展目标被提出，即是要将国家的政治实践转向法理型的统治。这个整体目标的实现必然需要系统性的改革，其中就包括对社会的文化类型的整体再塑造。

提出法治文化的部分意义还在于，它在概念上限定了重塑政治合法性的一系列改革的可能样态。马克思主义学者一般对"改革"持有反思批判的学术态度。以约翰·霍夫曼（John Hoffman）为例，他指出，基于权力的运作，改革很容易成为国家隐性的强制力，在营造出"共同利益"的幻觉的同时，阻止或推迟真正的改革的进行，因而沦为一种泛见的统治术。那么，哪些改革会落入霍夫曼的批判之列而应当被剔除呢？从法治文化的视角看，文化是耳濡目染、渐进形成的行为偏好与民情，这意味着重塑政治合法性的改革不应当依靠暴力或者权力的强制。与此相关，韦伯所谓的卡里斯玛型的强人政治往往是在危机中产生的，危机过后，基于强人的能力与魅力的统治也必须转化为常态政治（日常的、延续的文化的政治），因此，法治文化型的政治合法性不主张混入卡里斯玛型的政治。在这个维度上，我们也可以更好地理解前述基于认可的政治合法性，因为认可或同意无法建立在强迫的基础之上。此外，将法治文化作为一个国家的文化样态还意味着具有这一文化样态的国家的政治合法性应当是在地的、日常的、世俗的，因此，不但诉诸天命、神性的奠基方式是不可取的，而且有的学者所主张的引入民族主义为合法性奠基的方案也应当被排除。

第三节　法治文化的教育功能

法治文化作为一种文化资源具有教育功能，即通过其本身的存在以及运作产生广泛的社会影响，教育人们弃恶扬善，正当行为。我国先贤主张的"明刑弼教""以法为教""刑期无刑""禁一奸之恶而止境内之邪"等，都是指法治文化的这种教育功能。

塑造具有法治精神的法治人。法治的关键，在于法律的践行与信守。汉代桓宽说："世不患无法，而患无必行之法也。"明代张居正曾言，"天下之事，不难于立法，而难于法之必行"。但如何保障法律能够得到践行与信守呢？历史事实和现实经验证明，成功的法治实施离不开强制力，但法律的强制力量却又总是有限的，强制力只与那些保证社会安定而必须对之实行强制的人有关。大部分公民都自愿接受法律的指导，作为其行为的准则。正如博登海默所强调的："警察权力（police power）当然是必不可少的，然而却永远是不充分的。如果大多数公民决定采用暴力，正如历史上多次发生的那样，那么警察权力也是无济于事的。秩序的真正生命力依然源自内部。是良知造就了我们所有的公民。"显而易见，保障民众践行与信守法律，离不开法治文化的支持。首先，文化是塑造人的重要手段。没有法治文化支持，就不会有民众信法、守法好习惯的养成。法治文化有明确的社会教化作用，决定和支配着社会群体中的价值取向和行为方式。法治文化能够把体现在规则和原则中的某种思想、观念和价值灌输给社会成员，使社会成员在内心中确立对法律的信念，从而达到法的外在规范内在化，进而形成尊重和遵守法律的习惯。例如，法治文化所包含的忠、孝、节、义、平等、民主、公平、正义等观念对社会有教育作用。这是历代统治者都十分重视的。明代朱元璋将《大诰》广为印发，家藏《大诰》一册成为减刑之条件。当代广为开展"普法教育"，学校开设"法律基础"，就是为了充分发挥法的教科书作用，通过普及法律常识，增强人们法律意识，培养人们维护和遵守法律的行为习惯。其次，文化是人的一种社会化方式。所谓人的社会化是指人的后天行为的规范化，指生物的人或自然属性的人按照一定社会文化的要求而被教化为社会人、文化人的过程。社会化是文化传递与延续的过程，其实质是社会文化的内化，尤其是价值标准、行为规范的内化。法治文化发挥教育功能的主要体现，就是通过法治实践让法治成为在这个社会这个时代生活的人们社会化的重要标志。再次，文化是社会秩序形成的基础。法治文化对法治社会秩序的构建起着根本性的作用，并对社会秩序结构模式的选择有着决定性的影响。法治秩序的构建与法治文化的形成是同源同流、密不可分的，要建立一种更加合理有效的社会秩序，实现法治秩序，必须要有法治文化的充分建设和发展。只有充分建设和发展法治文化，实现传统法治文化的现代化，从政治、经济、文化等各方面促成法治文化的形成，才可能构建起人类长期追求的理想的法治秩序，并使之在这种现代化的法治文化氛围中得以永恒维系。

营造良好的社会法治环境。"人非草木，孰能无情。"正因为人是有感情的，是会被感染的，所以法治文化才有可能发生作用。而且，人与人之间的情感还会相互影响、相互感染、相互促进，从而形成一种从众效应，进而决定着人们的行为选择。当某人形成一种情感时，如果他的情感得到了群体中他人的认同，很容易引起情感共鸣，会对其他人的情绪、情感产生强烈的感染和影响，甚至由个人的情感转化为群体的情感，由个人的情绪蔓延为群体的情绪，从而对群体成员行为产生重要影响。良好法治氛围影响下的法治行为可以感染、教化人，从而不自觉地采取法治行动。与之形成鲜明对比的是，非法治文化环境也同样引诱人采取非法行动。"破窗"理论就很好地说明了无序环境与某些犯罪之间的因果关系。如果一个建筑物的一扇窗户坏了而没有得到及时维修，那么，该建筑物的其他窗户将很快被损害。因此，无论是物体意义上的无序，还是社会意义上的无序，都会促使或者诱导人做一些加重其不良状态的行为。无序本身就是一种不良的信号，暗示着那里是一个无政府的场所和自由主义的乐园，在那里你可以为所欲为，无所顾忌。根据经验和常识，对于一般人而言，在一个脏、乱、差的环境中再进行破坏性行为，不会产生什么羞耻感；而在一个干净、整洁、幽雅的环境中，破坏性行为就是一种耻辱。总之，法治本身就是一种文化建构，就是我们贴上"正当与否"标签的东西。但如果我们不去有意识地、自觉地建立法治，营造法治环境，那么这种有"标签"的东西也建不起来，即使建立起来，也就只是一个"标签"，是一个只有法治形式而无法治实质（法治精神）的"外壳"。尤其在中国，现代法治观念比较落后，主要表现为历史上的中国，没有法律至上观念的传统；法律虚无主义思潮在新中国成立后一度盛行，法律至上几乎没有任何可能；法律工具主义的意识使得法律至上观念的确立步履维艰。所以，在我们这样一个传统上缺乏法治底蕴的国家里，更需要加强法治文化建设，才能真正避免"有法律而无法治"的情形。虽然观念性的东西不能用物质性力量去强行加以改变，但我们可以通过全方位、多层次、宽领域的文化方式去教育、感化、熏陶、改造，让美好的"法治"在根深蒂固的"德治"土壤里生根、发芽、开花、结果，并与"德治"携手共同为建设社会主义法治国家和实现中华民族的伟大复兴做出重大贡献。

法治文化建设教育功能的一个重要体现就是普法教育。党的十九大报告指出，加大全民普法力度，建设社会主义法治文化，树立宪法法律至上、法律面前人人平等的法治理念。推动法治文化建设，是实现依法治国总目标的基本要求，是开展全民普法工作的重要支撑。

中国特色社会主义法治文化是法治中国建设实践的内在反映，表现为以法治理念和法治精神为内核的法治文化观念、法治文化氛围、公民法治素养等多方面，它反映并影响着我国的法治实践。开展全民普法工作，让法治理念深入人心，必须将法治文化建设作为重要着力点。

推动法治文化建设，就是引导人民从观念上维护宪法法律权威，让法治成为全体人民的共同信仰。要想让人民真正地内心拥护与真诚信仰法律，除了法律科学合理、有效实施等因素，更需要法治文化的保障。党的十九大报告强调"建设社会主义法治文化",要求普法工作者积极围绕党的工作大局,从更高层次上谋划好法治文化建设,为全面推进依法治国做出贡献。全面依法治国,其中一个最基本要求就是要使法治精神深入人心,使尊法学法守法用法成为人们的自觉行动。法治文化建设对于更好地发挥法治在全社会的引领和规范作用,养成人们的法治自觉起着重要的、基本的推动和保障作用。只有在全社会打下坚实的法治思想基础,通过全体人民的共同努力,才能实现国家各项工作法治化。首先,推进法治文化建设是社会主义民主政治现代化的重要内容。发展社会主义民主政治是我们党始终不渝的奋斗目标。民主政治的发展离不开文化的发展,只有培育和形成以法治精神为核心的法治文化,才能更加稳妥地推进政治体制改革,才能更好地发展社会主义民主政治。其次,推进法治文化建设是促进社会和谐稳定的必然要求。人民日益增长的美好生活需要的一个重要表现是在法治方面的需求更加强烈。正确引导人民群众依法办事、依法维权、依法合理表达诉求,需要我们在全社会大力弘扬法治精神,扎实深入地进行法治文化建设,努力增强广大人民群众对依法治国、依法执政、依法行政的思想认同、感情认同,为物质文明、政治文明、精神文明、社会文明、生态文明全面提升打下和谐稳定的社会基础。再次,推进法治文化建设是助推地方经济社会发展的应有之义。适应和引领经济发展新常态,保持经济社会平稳健康发展,需要良好的法治环境做保障。推进法治文化建设深入发展,使尊法学法守法用法在全社会形成共识,才能够在大力实施创新驱动战略中赢得主动,充分发挥投资在保增长中的作用,助推地方实现经济社会健康发展。

注重创新推动法治文化建设全面健康发展。法治文化建设是一项新课题、新任务。我国法治文化建设正在积极引领、支撑和推动着我国法治建设实践,但同时也要清醒认识到,这一建设必定是一个长期而渐进、曲折而艰苦的过程,需要我们以创新的思维不断推动。一是要充分发挥和结合各项资源优势。法治文化建设是一项系统的社会工程,涉及社会各个领域、各类人群,在推进过程中,不能闭门造车,要注重工作结合,在深入推进普法工作中充分发挥法治文化的引领作用。二是充分发掘各领域资源,在机关文化、城乡社区文化、企业文化、校园文化等工作中突出法治文化建设的时代性、先导性、协调性和系统性。三是要特别注重鲜明特点和品牌效应。法治文化建设不仅要高端设计,更要注重"接地气",按照主题鲜明、因地制宜的原则,突出发挥地方特色文化优势,以不断增强识别力、吸引力和影响力为着力点,精心打造具有地方特色的法治文化品牌,不断为人民群众提供更加丰富的法治文化精神食粮。

注重法治文化理论研究和社会实践的有效衔接。要深入持久地推进法治文化建设，既不能急于求成，也不能因循守旧，应该树立自信、保持定力，根据实际情况和发展阶段积极稳妥、循序渐进地进行。一是通过各类活动引领、项目推进、产业培植等方式的服务，设计好法治文化建设载体，在各类经济社会活动中植入法治文化表现形态。具体而言，就是要同机关文化相结合，立足法治政府建设，不断提高治理体系和治理能力现代化水平；同乡村文化相结合，立足促进农业现代化和富民工程，服务社会主义新农村建设；同城市社区文化相结合，立足推进社会管理创新，提高社区自治和服务功能；同校园文化相结合，立足培育青少年法律素养和道德情操，促进青少年健康成长；同企业文化相结合，立足建立现代企业制度，提高企业依法经营和依法防范风险的能力等。二是坚持把理论研究与社会实践活动有机结合起来，激活法治文化建设的内在活力，把法治文化体系的基本要求细化为市民公约、乡规民约、职业规范、学生守则等具体行为准则，使其成为人们日常生活的基本遵循，全方位、多渠道地传播法治精神，不断扩大法治文化建设的覆盖面。三是积极建设不同类型、不同特色、不同规模的法治文化阵地，营造"出门有法、抬头见法、说理用法、办事循法"的浓厚法治文化氛围。

第四节　法治文化的整合功能

整合功能是文化的一种重要的功能。法治文化作为一种文化类型，自然具有文化的一般特性和功能。法治文化的整合功能主要体现在以下几个方面。

法治文化有助于塑造全面发展的人。文化的进步与自觉在于其最终价值指向上必然是人的全面发展。推进法治文化建设，首先要解决究竟如何看待人的生存和发展这个问题，特别是人的全面发展问题。纵观人类社会文明发展的历程，如果说法治作为社会文明的成果，是人类对自己生存方式的一种理性选择，那么法治作为一种文化形态，其最根本的价值就是人文关怀，即对人类自身的关怀。在法治建构中，人并非法的对立面，人永远是目的，法永远是帮助人实现自我的方式和手段。法律的存在，自始就是一种人为的存在，而不是自然的存在。法律是人所创造的，是符合人的属性创造出来的。

人是法律价值的主体，人作为价值主体是主动的、自觉的，并可做出明确的价值评价。人在创造法律的时候，就赋予了它应有的价值使命。人类所追求的自由、公平、正义、权利，都需要由法律来加以规定，从而赋予了宪法以最高的权威，因为宪法是这些人类基本权利的载体。可见人类其实是用法律来实现对自己的终极关怀的。因而，当法律的制定和运作全过程反映人类发展的需要时，法律的至上性便成为人类自身发展的必要条件。与之相对应的就是，只有法律成为最高权威，才能保证人类的基本权利不被践踏，才能保证人类得以实现对自身的关怀。因此，从法治所要实现的本质目标上来看，都是为了使人类获得更为根本性的全面发展。

法治文化可以为人类提供良好的生存环境。虽然法治文化旨在塑造全面发展的人，但必须理性对待人的全面发展问题，不能以人的全面发展为借口而放纵人的行为，人的全面发展不能简单地理解为人类中心主义。人的全面发展必须实现"主客同一"，即必然与自然、社会互存同生共荣。过去，人们把生态环境问题看成是一个技术性的问题，认为是一个发展问题，以为生态环境问题会随着发展自然解决。现在，我们认识到，生态环境不仅是个技术性问题、发展问题，更是一个体制问题、法律问题。人类生存发展离不开生态环境，生态环境的破坏，是人类对自然无度无序没有底线开发的结果，矛盾的主要方面在人，不在自然。要处理人与自然的关系，建设生态文明，关键要纠正人的行为，因而，生态文明的法律制度的出发点要放在约束和调整人的行为上，指导思想应从征服自然、损害自然、破坏自然转向尊重自然、顺应自然、保护自然。在人与自然的关系层面，法治能规制人的行为，使人们可持续地利用和开发自然资源。在社会运行层面，法治能够促进社会经济发展，为人格的自由、全面、协调发展创造物质基础。古往今来的法治实践表明，法律始终扮演着社会经济运行稳定器的角色，也是历代统治者实现经济稳定目标所运用的基本手段与常规武器。在法律制度层面，通过对财产所用权和市场经济体制的确认和保护，法治推动了社会财富的增长。法律是适应商品经济的需要而产生和发展的，市场经济是发达的商品经济，商品经济越发达就越离不开法律的规范和保障，只有在法律的庇护下，才能确保市场经济的健康快速发展。

法治文化可以保护个人独立人格的表达。现代法治以弘扬人的主体自由理性为价值取向，它体现的是正义和理性原则下的自由与责任、权利与义务的和谐一致，即基于形式法律设定的权利义务权威性的认同和服从。特别是当前，我国法治文化建设紧跟时代变革步伐，积极倡导民主法治、自由平等、公平正义、人权等价值观，国家启动的公民文化建设工程，以时代精神塑造公民精神和公民品格，最大限度地弥合法律制度体系与主体意识之间的隔阂，使社会成员能够以"公民"身份和角色，自觉地去理性评判、切身感知、自主参与法律生活，独立的人格得到更多的尊重和表达。个体的内在素质和精神价值观念是法治文化的内在构成要素，法治以制度形式赋予公民人格主体地位，维护人格尊严，保障个人生存和发展的必要条件。同时，个人要实现理想人格，还必须根据每个人的社会角色期望，按照法定的权利和义务规范去生活。作为生活方式，法治也是一种价值取向，正是在此意义上其与人治区别开来：法治不是简单地维护现存社会秩序或结构的稳定，而是要创造一种能够促进和运行体制。当人们还不具备权利观念时，通过强制性法治观念主导，可以强化人们的法律意识；通过打击犯罪、惩治违法，维护契约尊严，可以使人自觉接受法律的约束；通过对道德行为的支持和补偿，法治激励人们履行道德义务，塑造以道德人格为支撑的完整人格。

法治文化为人的活动提供行为模式。从人类社会文明发展历程来看，法治是人类社会得以由原始野蛮的社会状态迈向近现代高度文明社会的重要构成内容，是人类不同于自然界其他生物自然进化的社会化选择，是人类自觉追求文明道德的结果。这突出表现在人类基于法治的规范创造了手段正当性下的和平博弈，改写了自然界游戏竞争规则，形成了人类社会特有的生存法则和现代社会的文明状态。相较于自然界其他生物不注重或不尊重竞争背后规则的公正性，人类社会中的竞争在遵循规则的前提下追求权益的最大化，竞争手段和方式都要受到极大的限制和规范。文明社会的实现就在于把人类对利益的原始追求限定在既定的规则、制度之下，如果没有这种制度的限定，人类社会将是充满敌意的对抗社会，或者就不可能存在。可见，法治作为一种行为过程和价值理念的综合体，能够帮助恢复、维持和创造社会秩序，而法治文化作为法治意识、法治理念、法治价值、法治精神、法治理论、法治思维和法治行为方式的总和，在基本的法治价值指导下，能为人的活动提供行为模式。而且，法治一旦升华为一种精神文化就会成为支配全社会成员行为模式的强大而持久的力量。

法治文化可以弥补制度供给不足。法治建设不仅包括形式意义上的法律制度及其实施，更强调实质意义上的法律至上、权利保障的内涵。法治讲究良法之治，法律公正、稳定、普遍、公开、平等，其基础是民主政治，是民主和宪政的表现。法治建设重在法治的制度设计和运行模式，它是法治功能的显性表现。法治文化是司法政治主体、理论学术主体和社会大众个体在理论和实践的相互交织中通过共同努力形成的一整套政治措施、社会管理措施与社会心理、文化心理机制。中国特色社会主义法治文化表现出不可忽视的软约束，从思想深处为人们的行为模式确定了基调，并根据中国现阶段的国情，引导人们按照法治理念和精神，对社会、经济乃至政治生活做出文化判断。法治文化是法治隐含的价值理念，即平等、自由、公平、正义的一个更完整的体现。因此，当出现立法空白、立法冲突时，中国特色社会主义法治文化所蕴含的文化判断力就会在一定程度上弥补制度供给的不足，其所负载的核心价值、内在精神、基本理念就可以为个体行为和社会生活提供指导，解决社会矛盾冲突，保障经济社会发展平稳有序推进。

应该指出，法治文化的各个功能是相互联系、相辅相成的。法治文化的功能是一个有机的、立体的、动态的体系，在这里把它分列为四个方面予以表述，目的是为了更好地把握这个体系中的重点。

第七章 新时代法治文化建设的制约因素

社会主义法治文化建设是一项综合性的系统工程，其产生和发展有着自身的特点和规律，并受到错综复杂条件的影响，是各方面因素共同作用的结果。系统梳理和深刻分析社会主义法治文化建设的影响因素，对于加快全面依法治国进程，建设社会主义法治国家具有重要而深远的意义。社会主义法治文化建设的影响因素较多，总体上可从经济因素与政治因素、理论因素与实践因素、历史因素与现实因素、国内因素与国际因素等方面进行深入细致的考察和研究。

第一节 经济因素与政治因素

影响和制约社会主义法治文化的诸多因素中，经济因素与政治因素非常重要，而且作用比较显著。社会主义法治文化产生的基础及其发展的动力深深根植于社会主义社会的经济基础与政治条件之中，其发展水平与质量深受社会主义市场经济和社会主义政治文明的影响。离开社会主义社会的经济基础与政治条件，社会主义法治文化就成了无源之水、无本之木。只有市场经济和民主政治才能孕育出自由平等的权利要求，才需要在社会发展过程中有法律来规范，从而产生对法治文化的呼唤。社会主义市场经济和社会主义民主政治是社会主义法治文化建设的经济基础与政治条件，也是推进社会主义法治文化建设的最大动力，社会主义法治文化的核心价值自由、平等、公正等最深刻的经济与政治根源都存在于社会主义市场经济和社会主义民主政治之中。社会主义市场经济和社会主义民主政治是法治文化生成、存在和发展的肥沃土壤，社会主义法治文化的实现程度深受社会主义市场经济和社会主义民主政治发展程度的影响。

　　社会主义市场经济制约我国立法质量。立法质量和水平从根本上讲是由一个社会的经济基础所决定的，有什么样的经济基础，必然要求有什么样的立法精神、原则和规则与之相适应。作为社会主义法治文化重要组成部分的社会主义立法活动与立法实践深受社会主义社会经济基础的影响。经过多年的努力，我国社会主义市场经济体制已初步建立并取得显著成就，对不断提升立法水平和质量提出越来越高的要求。为适应社会主义市场经济发展的需求，我国立法部门在立法方面做了一系列扎实有效的工作，构建和形成了中国特色社会主义法律体系。十八大以来，随着改革发展的深入，对相当一部分法律及时进行立、改、废，标志着我国立法工作迈向新台阶、取得新成就。这一系列立法成果的取得与社会主义市场经济的内在需求和源泉驱动存在着密切的联系，正是发展社会主义市场经济的客观需要，促使我国不断丰富和完善财税法、银行法、贸易法、投资法等一系列经济类法律。为了促使经济发展与世界接轨以取得更大成效，我国对商标法、著作权法、专利法等知识产权法做了重大修改。为了深入推进社会主义市场经济发展，我国在制定物权法、侵权责任法基础上，正在努力推进社会主义社会民法的构建工程。历史经验表明，社会主义市场经济是社会主义社会立法工作的推进动力和发展源泉。可以预见的是，随着社会主义市场经济的深入发展，我国在立法方面将取得更大的进展。当然，也应看到，由于社会主义市场经济发展还不是很健全、很完善，仍然存在不少问题、困难和矛盾，自然经济并没有完全退出历史舞台，计划经济的影子还不时显现，不正当竞争、垄断经营、内幕交易、市场操纵等负面影响还在很大程度上制约着我国立法水平和质量的提高，因而，迫切需要我国立法工作持续深入改进，遵循市场发展运行的客观规律，把握市场动态，了解市场趋向，反映市场新情况新问题新需求，健全包括公众参与、法律救济与责任承担等基本程序制度，以推进社会主义法治文化不断向前发展。

　　社会主义市场经济制约我国执法水平。社会主义社会执法水平和执法能力伴随着社会主义市场经济的发展壮大而不断提升。随着社会主义市场经济的发展，在执法的物质基础不断完善的同时，必然对改进和完善执法理念、执法原则、执法方式等提出更高的要求。社会主义市场经济对执法影响是全面和深远的，合法合理、程序正当、及时有效等一系列观念必然是市场经济条件下对执法工作提出的高标准和严要求。随着经济体制的转型发展，社会主义市场经济体制的确立和完善，这些情况得到了极大的改善。自然经济条件下，或计划经济条件下等级观念、官本位思想、老爷作风、吃拿卡要等已经远远背离社会主义市场经济要求，与公平正义、自由平等、法治民主等现代市场经济法治理念相违背。在执法实践中，由于受社会主义市场经济的影响，执法人员的执法水平和服务意识有了很大的改进与提高，进一步密切了与人民群众之间的联系。但也应看到，一些部门和领域的执法人员执法素质、能力和水平还存在很大的改进空间，行政执法中缺位、错位、越位等问题比较突出，有的执法人员变相执法、违规执法、随意执法，甚至将执法变成官商勾结、以权谋私、发财致富的机会，要么同流合污，要么故意刁难，背离执法宗旨，违反执法本意，不是积极为社会主义市场经济的发展创造条件，而是处处设障、层层设卡，违背社会主义市场经济要求。这些问题仍然需要发展社会主义市场经济来加以克服和解决。

社会主义市场经济制约我国司法效果。司法是社会公正的最后一道防线，是衡量法律是否具有至上权威的标尺，对于促进实体正义与程序正义的有机结合发挥着关键作用。社会主义市场经济的发展和推进，必然要求司法机关提供坚实的支撑与保障，将社会主义市场经济的成果予以确认和固化，防范和打击破坏社会主义市场经济的行径和做法。社会主义市场经济的发展，有利于公开、公正、公平市场环境的营造和形成，有利于在立足国情的基础上借鉴外国优秀的文化成果，从而培育和形成司法独立、中立审判、控辩平等、疑罪从无等司法理念。现代司法理念是现代市场经济的产物，并在现代经济实践中凝成和提升。离开社会主义市场经济环境，现代司法理念难以形成。经过多年的努力，我国司法水平和司法能力获得了较大提升，在定纷止争、解决社会矛盾方面发挥了非常重要的作用，但司法领域存在的问题和矛盾也较为突出，审判不公、定案不准的现象屡见不鲜，有的法官吃了原告吃被告，司法腐败仍是影响和困扰司法工作的重要原因，严重影响司法在人民群众中的形象和威望，也严重制约社会主义市场经济的有序推进和顺利发展。发展社会主义市场经济是解决司法不公的根本出路和有力保障，必须紧贴社会主义市场经济发展进程，逐步克服和解决影响其健康发展的司法矛盾和司法问题，为社会主义法治文化建设创造有利的环境和条件。

社会主义政治文明影响社会主义法治理念。任何完备的、成熟的法治文化，都必须以民主政治为前提并且成为民主政治的集中体现。所谓民主政治，就其权力归属而言权力在民，国家一切权力属于人民；在权力的运行上，人民具有广泛的参与权，对国家和公共权力具有监督和约束的权利；公民的政治和法律地位有了很大的转变，具有较高的民主能力和充分的民主意识。在民主政治条件下，利用公共权力的权威，可以有效解决社会矛盾，建立良好的社会秩序，最终实现平等、自由、权利等价值理念。随着我国社会主义法治建设进程的日益加深，人民的民主法治意识逐渐增强，对我国民主政治的发展与完善提出了更高层次的要求。在建设社会主义民主政治的过程中，公民的民主意识和法治意识逐渐觉醒，越来越重视公民权利的实现和自由的发展，所有这一切都为社会主义法治文化的发展与完善创造有利条件。社会主义政治文明历经磨砺而不断走向成熟与完善，对于社会主义社会法治理念的发展与形成发挥着非常重要的作用。社会主义法治理念是在社会主义政治文明中孕育的，并随着社会主义政治文明的发展而发展、完善而完善。社会主义政治文明是社会主义法治理念诞生的前提和基础，我国确立的人民代表大会制度、共产党领导的多党合作和政治协商制度、民族区域自治制度、基层群众自治制度等根本政治制度和基本政治制度，是确保人民当家作主的重要保障，是社会主义优越性的重要体现，只有在此基础上，才能确立社会主义法治制度以及蕴含其中的社会主义法治理念。只有坚持全心全意为人民服务，将人民放在突出而重要的位置，一切决策和行动以人民群众根本利益为依归，体现人民的意愿，彰显人民的意志，人民在国家重大事务上享有决定权和监督权，使人民成为国家的主人，才有可能培育和形成人民主权、宪法至上、制约权力、保护权利等一系列社会主义法治理念。在封建专制等级社会中，由于缺乏政治民主的条件和前提，只能形成权力至上、重刑轻民、重差别轻平等、重义务轻权利的法律观念。在资本主义社会中不可能确立社会主义政治文明，其所主张的资本主义法治理念是一回事，法治理念能否得以实现是另外一回事，特别是在当前西方法治面临严重危机，日益冷酷无情，缺乏道德理性的情况下，更不要对外国法治理念抱有幻想。

社会主义政治文明影响社会主义法治思维。社会主义政治文明是在长期革命、建设和改革实践中积累和发展起来的，形成了一系列相互联系、相互作用的实践性较强的价值观念、指导原则与工作方法，这些成功经验与宝贵做法不断发扬光大，对社会主义法治思维产生着深远的影响。社会主义政治文明发展方向影响着社会主义法治思维的发展方向。在社会主义政治文明的深刻影响下，社会主义法治思维将立足点与出发点构筑在为人民谋福利、为社会思想进步、为国家求发展上。社会主义政治文明确立的原则规则深刻影响着社会主义法治思维的本质内容与程序方法。民主集中制是社会主义政治文明的标志性成果，强调民主，又强调集中，将民主作为基础与前提，将集中放在决断性位置与高度，深刻影响着重程序、重民主、重效率的社会主义法治思维方式。民主集中制确立的民主精神有利于领导干部在法治实践中弘扬和坚持民主精神、民主程序和民主做法，坚持程序公平，防止和克服独断专行的"一言堂"，将实体正义与程序正义有机结合起来，以法治的方式应对和解决现实矛盾、困难与问题。民主集中制确立的集中原则有利于领导干部在复杂多样、瞬息万变的法治实践中，及时把握事物的本质与规律，抓住问题的核心与关键，节约时间、成本与资源，提高决策效能和决策效率，为严格执法、公正司法创造有利条件。

社会主义政治文明影响社会主义法治信仰。伯尔曼强调，法律必须被信仰，否则它将形同虚设。卢梭说过："一切法律之中最主要的法律，既不是铭刻在大理石上，也不是铭刻在铜表上，而是铭刻在公民们的内心里，它形成了国家的真正宪法；它每天都在获得新的力量；当其他的法律丧失或消亡的时候，它每天复活那些法律或代替那些法律，它可以保持一个民族的创新精神。"社会主义政治文明是我党带领亿万中国人民在长期的革命、建设和改革实践中以坚定的理想、信念和信仰凝结而成的，中国共产党人和广大人民群众在不畏艰险、奋勇拼搏中对社会主义、共产主义的坚定信仰，对社会主义法治信仰形成具有巨大的精神激励和实践促进作用。社会主义法治信仰的形成与实现还面临着一系列困难、矛盾与问题。某些领导干部玩法、弄法、压法、毁法，视法律如儿戏，拿原则做交易，或者视法律为工具，对己有利时，就拿来用用，借法律恫吓老百姓；对己不利时，就弃之不顾，置之不理。这些领导干部不信法、不守法、不用法，也影响到老百姓对法律的信任与信仰。社会中一部分人只爱财、不爱法，只信权、不信法，只重视关系、不敬仰法律。面对这些困难、矛盾和问题，如何做到不动摇、不气馁、不放弃，有必要在认真学习和大力弘扬社会主义政治文明形成与发展过程中，积累和沉淀的无数优秀共产党员和中华儿女为理想、信念、信仰而坚如磐石、不屈不挠的奋斗精神。尽管社会主义法治信仰培育和形成的前景是光明的，但道路是艰难的，需要一代又一代公民克服困难、战胜艰险并为之不懈努力。法律若不被信仰终将退化为僵死的教条，形同虚设，失去其存在的价值。树立对法治的信仰，应在社会主义政治文明的指引下，严格立法的基本原则，充分体现民主、程序、科学的要求，加大执法力度，提高司法公信度，建立监督机制，否则很难激起对法律的尊崇。

第二节　理论因素与现实因素

社会主义法治文化的存在和发展既受法律理论的影响，也受法律实践的制约。只有法律理论和法律实践共同作用、交互发展，才能促进社会主义法治文化的繁荣与振兴。

　　社会主义法治文化建设的理念深受法律理论影响。社会主义法治文化建设的理念是社会主义法治文化的血脉与灵魂，对于社会主义法治文化的发展发挥着非常重要的引领作用。社会主义法治文化建设的理念之所以内涵深刻、内容丰富、意境深远，是古今中外法律理论长期滋养的结果。当今中国，马克思主义法律理论、中国传统法律理论和西方法律理论并存，它们为我国法治文化建设提供了深厚的理论资源。当今中国占重要地位、起主导作用的法律理论是马克思主义法律理论。马克思主义法律理论是我国全面推进依法治国进程的重要理论基础，将人民的主体地位放在非常重要位置加以强调，重视人的各项权益的保护。马克思主义法律理论是在批判继承以往法律理论基础上的创造性提炼和升华，是对当代中国法律实践特点规律的总结和概括，对于社会主义法治文化的发展发挥着非常重要的指导作用，对于确保社会主义法治文化建设的发展方向、前进道路与演进趋势具有重要意义。在社会主义法治国家建设实践中，必须坚持马克思主义法律理论的主导地位，始终坚持社会主义法治建设发展方向。我国传统法律理论是法律理论整体的重要组成部分，对于社会主义法治文化精神产生深远的历史影响。我国传统法律理论天人合一、以人为本、道法自然等特色，影响和造就了礼法结合、明德慎刑等传统法律文化，并对当今社会主义法治文化发挥重要影响，为社会主义法治文化汲取更多东方哲学智慧和理论精髓创造条件，同时也为从历史深度对传统法律理论进行深刻反思、克服和避免其不利因素积累经验。随着世界经济全球化、一体化、国际化趋势日益加强，国际间法律移植与法律借鉴趋势和做法逐步增多，外国法律理论，特别是西方法律理论对社会主义法治文化建设理念的影响也日趋明显。从沈家本修法开始，外国法治理论对我国法治文化的影响逐步加深，特别是改革开放以来，我们科学吸收和借鉴西方法律理论，不断丰富和完善社会主义法治文化平等、自由、独立、公正等诸方面精神，促使社会主义法治文化的国际视野更加开阔、国际元素更加丰富，既有利于增强社会主义法治文化的底蕴与自信，同时也有利于增强社会主义法治文化的拓展力与影响力。

　　社会主义法治文化建设的原则深受法律理论影响。社会主义法治文化建设的原则是贯穿于社会主义文化发展始终的根本性的规则，其形成与发展受法律理论的影响比较深。法律理论较为深厚的底蕴与内涵为社会主义法治文化建设的原则提供理论支撑与支持。社会主义法治文化发展中实践性、时代性、适宜性、持续性等原则，与法律理论中坚持一切从实际出发、坚持群众路线、稳定性与变动性相统一等原则是一脉相承的，是对法律理论原则的阐释、引申与拓展。在法律理论长期发展过程中积淀与形成的原则是法律实践的产物，是被实践证明的行之有效的根本性规则，对法治建设发挥着非常重要的引导、规范和制约作用。法律理论在实践中积累的宝贵经验对于社会主义法治文化建设原则的形成与发展发挥着重要的促进作用，促使社会主义法治文化建设原则从形式到内容、从内涵到意蕴都更加丰富和完善。

社会主义法治文化建设的规则深受法律理论影响。社会主义法治文化建设的规则，其产生和发展长期受法律理论的滋养和影响。法律理论对社会主义法治文化建设的规则影响无时不有、无处不在，其所积累和积淀的理念、精神和意识深深影响着社会主义法治文化建设规则的内涵、本质和底蕴，制约着社会主义法治实践中立法、执法、司法、法律监督等各个环节和方面，在形式法治上彰显法律的权威与作用，在程序法治上规范社会治理各项事务，在实质法治上完善社会治理体制，在民生法治上尊重民众根本权益，促使社会主义法治实践活动更加符合时代进步精神与现实紧迫需求，在定分止争、化解矛盾、维护稳定等方面发挥有力作用。社会主义法治文化规则的作用是具体的而不是抽象的，是现实的而不是想象的，其价值就凝聚和体现在错综复杂、无限多样的社会主义法治实践中，之所以有强大的生命力，是其长期经受法律理论熏陶和浸染的缘故。离开了法律理论的熏陶和浸染，社会主义法治文化规则就难以形成，其作用发挥也将难以实现。

社会主义法治实践经验为社会主义法治文化建设提供有力支撑。社会主义法治实践是一个长期的历史发展过程，其发展过程中积累的宝贵经验能够为社会主义法治文化的存在和发展提供发展动力与力量源泉。新中国成立以来，社会主义法治实践的每一历程中沉淀的经验，都成为社会主义法治文化建设与发展的有力借鉴。随着新中国的建立，社会主义立法、执法、司法等各项工作提上历史议程，以党的八大制定并颁布社会主义中国第一部宪法为标志，社会主义法治实践活动取得了较为丰硕的成果，对于稳定新生的社会主义政权，打破以美国为首的帝国主义国家的封锁，促进国民经济步入良性发展轨道等起到了非常重要的作用。与之相适应，社会主义法治文化的发展步入正轨，各项法治建设事业生机勃勃，呈现出前所未有的旺盛活力。改革开放以来，我国法治建设实践取得重大成就，有力促进了社会主义法治文化的繁荣与发展。党的十一届三中全会把全党的工作重心转到经济建设上来，同时加强了民主法制建设，强调有法可依、有法必依、执法必严、违法必究；党的十五大把依法治国作为治国方略提出来，并把建设社会主义法治国家作为一项重要任务；2010 年形成了中国特色社会主义法律体系，为实施依法治国基本方略提供了法律保障；党的十八届四中全会首次专题讨论依法治国问题，对全面推进依法治国做出重大部署。这些都标志着我国社会主义法治建设的成就。社会主义法治实践经验为社会主义立法文化发展注入动力。多年来，我国立法机关高度重视立法工作，立法权限日益明确，立法数量明显增加，立法质量显著改善，并处于更加完善的过程中，形成和发展了注重民意、重视程序、关注质量的立法文化。社会主义法治实践经验为社会主义执法文化提供保障。通过健全执法机构，提高执法人员能力和素质，改进执法方式等，大力提升执法水平和执法效果，为培育和形成服务人民、严格标准、公正执法的执法文化奠定了坚实基础。"四民主工作法"是广东省惠州市在实践中探索形成的，以民主提事、民主决事、民主理事、民主监事为主要内容的，具有"直通快办"特色的服务基层百姓的工作机制。社会主义法治实践经验为社会主义司法文化奠定基础。在长期的司法实践中，司法人员在侦查权、检察权、审判权的行使过程中，深入一线，调查研究，注重把握法律标准和法定程序，严谨细致开展工作，促进了控辩平衡、中立审判、公正判决的司法文化的形成和发展。

汲取社会主义法治实践教训能够促使社会主义法治文化建设少走弯路。社会主义法治实践过程中，既积累了丰富的经验，也存在不少教训，值得认真汲取。深刻反思历史教训对于解决和克服法治建设实践中的困难、矛盾和问题，弘扬社会主义法治文化精神具有重大意义。改革开放以来，我国法治建设取得重大成就，成为法治实践的主流，但也应看到，由于主客观条件的制约，法治建设实践也出现了一些问题和不足。个别领导干部有法不依、执法不严、违法不究，甚至以言代法、以权压法、以权毁法、贪赃枉法、徇私枉法，在人民群众中造成恶劣影响，不仅冲击社会主义法治文化所确立的理念、原则和规则，而且影响人们对社会主义法治文化的信心、信念和信仰。

对社会主义法治实践的全面总结和深入思考能够促使社会主义法治文化建设不断迈上新台阶。深刻把握社会主义法治实践历史经验与沉痛教训的生成背景与形成原因对于弘扬社会主义法治文化，避免和克服封建主义与资本主义法律文化的消极影响具有重要意义。将马克思主义法治建设的基本理论与我国法治建设的具体实践相结合，我国法治建设就能取得历史性进步与成就，从而推动社会主义法治文化建设的顺利开展和不断深入。不从我国的国情出发，脱离我国法治建设的实际情况，往往容易陷入封建残余思想或资本主义消极观念的泥沼，出现一些这样或那样的问题、矛盾与不足，从而阻碍社会主义法治文化的发展。不断探索社会主义法治实践的完善措施与改进途径，对于丰富和完善社会主义法治文化具有重要的现实意义。将社会主义法治实践引向深入，需要在党的领导下，调动亿万人民群众的积极性、主动性和创造性，在营造法治实践内外发展环境，把握完善法治实践重要阶段与关键环节，细化法治实践具体方法措施上不懈努力，确保制定的法律是良法，执法过程公平、公正、公开，司法审判平衡中立，法律监督及时有效。

第三节　历史因素与现实因素

当代中国的法治现代化是我国在本国的历史条件下展开的法治变革运动，它总是体现了本民族本国度的精神与特色。在这一过程中，实现传统法律文化的转变并不意味着与传统的决裂，对传统法律文化"弃其糟粕，取其精华"，把那些积极向上的东西融入当代中国法律文化中来，并赋予其现代法治的精神内涵，以促使其向现代化转变。社会主义法治文化发展至今，呈现出强大的生机和活力，深受我国法律演进历史和法治现实发展水平的影响，并不断从中汲取力量。系统总结和全面概括影响社会主义法治文化发展过程中的历史因素与现实因素，对于加强社会主义法治建设，建设法治中国具有特殊意义。

我国法律演进历史为实现依法治国和以德治国有机结合奠定深厚基础。我国历史上，法治和德治一直是治理国家的两种根本手段。在现代国家治理和社会管理活动中，法治与德治相互联系，相互促进。建设中国特色社会主义，应将依法治国与以德治国有机结合起来。对于我国历史传统中法律儒家化对社会主义法治文化的影响应做辩证的理解和分析，既应看到消极方面，也应把握有利因素。儒家文化中的礼治、德治思想，压抑了社会对法治的需求，导致重礼轻法思想，在我国漫长的封建社会中，"以礼入法，以礼注法"和儒家的"三纲五常"学说对封建法律文化的影响非常深刻，以至于我国传统法律文化有时被称为伦理法律思想。儒家伦理使中国传统法律成为道德的工具，不仅使传统法律丧失独立品格，也从根本上压抑了其向现代法治的转变。但是，我国传统法律重视礼法结合、明德慎刑，注重充分发挥道德在国家治理与社会管理中的作用，并强调将道德的优势与法律的特长有机结合的做法，对于全面推进依法治国进程具有重要意义。法律和道德作为两种不同的社会调整方式，是紧密联系的。法律贯穿着道德精神，许多法律规范是道德规范上升为法律的产物，道德的不少内容是从法律中汲取的；道德通过对法律的公正性评价，促使法律立改废，法律通过立法执法司法等活动，弘扬道德精神；凡是法律所禁止的行为，也是道德所禁止的行为，凡是法律所鼓励的行为，也是道德所提倡的行为。随着我国改革开放的日益深入，各种深层次的社会矛盾和社会问题逐渐凸显，解决和克服错综复杂的矛盾与问题，单纯依靠法律，往往力不从心，特别是在深受儒家思想影响两千多年的国度，回避道德的力量与影响，漠视道德的积极作用是徒劳的。将依法治国与以德治国有机结合起来，不仅是历史发展的必然，也是解决社会矛盾、促进社会稳定的客观要求。只有坚持依法治国与以德治国相结合，才能推进社会主义法治文化建设在更广阔的范围内日益深入。

我国法律演进历史引发对社会主义法治文化克服重刑主义影响的深刻反思。回顾我国法律演进历史，诸法合体、以刑为主的特点较为明显，重刑轻民，刑法相当发达，而民法不发达。正是受重刑主义传统的影响，我国古代法律发展史，就是一部统治者血腥镇压被统治者的历史，尽管商品经济不发达，但种种残害老百姓的刑具非常齐全、刑罚相当完整，老百姓稍有不慎，则招致重刑，非死即残，甚至株连九族、满门抄斩。沈家本修法后，重刑轻民的中华法系开始瓦解。即便到了今天，由于受封建残余思想的影响，残忍对待百姓的做法仍然在某些地方存在，突出表现为有的执法人员仍在搞公然恫吓、非法拘禁、刑讯逼供、严刑拷打、屈打成招等，我国传统法律演进历史中重刑主义的"刀光剑影"在现实社会某些角落不时"阴魂重现"。如何面对我国传统法律演进历史中残暴性遗产，特别是如何深刻反思残暴性遗产的现实影响，如何将其彻底清除，是推进社会主义法治文化发展必须完成的重要使命。《刑法修正案（八）》废除了不少罪名的死刑，反映了我国立法思想和意识对重刑主义传统的极大超越和跃升，但是，同国际社会越来越多的国家废除死刑的趋势来看，仍然存在明显区别。即便是不涉及死刑的刑罚条文，是否罚当其罪，是否有效坚持罪责刑相适应原则，是否存在受重刑主义传统影响而规定的刑罚偏重的情况等，仍值得深刻反思。加强对执法领域和司法领域犯罪嫌疑人、被告人等的权利保护，克服重刑主义传统影响，有效实现公平正义，仍然是社会主义法治文化发展进程中面临的重要课题。

我国法律演进历史引发对社会主义法治文化高度重视保护权利的深远思考。对自由与权利的保障是法治的鲜明特征，而且成为法治发展的内在动力。在封建专制社会，人民的权利无法得到应有保障，统治阶级为维护封建统治，强化政治秩序，实行高度专制模式，鼓吹"君权至上、差序名分"。我国法律演进历史中，法律工具主义盛行，只是将法律当作统治者维护统治的工具，危害统治者的统治，必遭残酷镇压。我国传统法律重视的是维护统治者的权力，而不是被统治者的权利。统治者为被统治者设定了种种义务，使老百姓来到世间，就背负上沉重的负担，也形成了我国传统法律演进历程中重义务、轻权利的特征。无论是重权力、轻权利，还是重义务、轻权利，重视的都是非权利因素，轻视的都是权利本身。这种思想和做法跨越两千多年的封建社会，至今仍然深刻影响着中国人的现代生活。从当代中国的法治生态环境来看，由于受传统法律文化的影响，在立法、执法、司法等环节中，漠视公民权利的现象依旧存在。有的地方官本位意识盛行，官僚主义、形式主义、作风漂浮、骄奢淫逸等问题依然存在，有的领导干部追名逐利，攫取权力，而置百姓冷暖与权利于不顾。面临这样的矛盾与问题，要建设和实现法治，维护公民权利将非常艰难。而且，某些规定保护公民权利的法律法规，内容上缺乏可操作性，实践中不易得到落实。在权利与义务关系问题上，有的群众只知道尽义务，不知道享受权利，当权利受到侵害时，一味忍让，妥协退让，不愿意拿起法律武器捍卫自身权利。保护权利是社会主义法治文化的本质要求与内在需要，是社会主义法治文化与封建主义法律文化的重要区别，是我国法律文化从传统保守僵化向现代文明开放发展跃升的显著标志。一部人类发展史就是从漠视权利向重视权利转化的历史。在新的历史条件下，如何有效克服我国法治演进历史中轻视权利的弊端及其影响，形成重视权利、维护权利、捍卫权利的良好环境与氛围，成为不断提升社会主义法治文化高度与水平面临的重要任务。

社会主义法治建设面临的现实问题是社会主义法治文化发展的风向标。社会主义法治文化来源于现实，服务于现实。社会主义法治文化顺利开展和持续推进，必须始终关注社会主义法治建设面临的现实问题，认真思考社会主义法治建设的现实需求，并根据实际需求做出相应的调整和完善，以更好地发挥社会主义法治文化对社会主义法治建设的服务保障作用。经过多年努力，社会主义法治建设取得重大成就，各项工作步入正常轨道，并在良性轨道上稳步向前发展。但也应看到，社会主义法治建设仍然面临不少困难、矛盾和问题。主要表现为：有的法律法规未能全面反映客观规律和人民意愿，针对性、可操作性不强，立法工作中部门化倾向、争权诿责现象较为突出；有法不依、执法不严、违法不究现象比较严重，执法体制权责脱节、多头执法、选择性执法现象仍然存在，执法司法不规范、不严格、不透明、不文明现象较为突出，群众对执法司法不公和腐败问题反映强烈；部分社会成员尊法、信法、守法、用法、依法维权意识不强，一些国家工作人员特别是领导干部依法办事观念不强、能力不足，知法犯法、以言代法、以权压法、徇私枉法现象依然存在。社会主义法治文化在其发展过程中，必须更多地关注社会、关注现实、关注矛盾，提炼和升华更多适用性、针对性、可操作性较强的精神、原则与规则，加大对社会主义法治建设的引导、规范与制约力度，以增强社会主义法治文化自身的生机与活力。

　　社会主义法治建设面临的现实问题是社会主义法治文化发展的磨刀石。社会主义法治文化发展不是一帆风顺的，要克服不少挑战，经历较多风险，在化解矛盾、克服困难、解决问题中不断磨砺，艰难前行。深刻认识和把握社会主义法治建设现实问题，需要提升社会主义法治文化视野和境界。认识问题是解决问题的前提和基础，只有全面梳理、深刻了解社会主义法治建设面临的现实问题，进行细致的分类和归类，从中总结出特点和规律，才能为有效化解矛盾、破解难题创造条件。当前，我国正处在一个重要的历史节点上，改革进入攻坚期和深水区，全面建成小康社会进入决定性阶段，推进法治中国建设面临不少深层次的矛盾与问题，在国内国外都面临不少风险与挑战，迫切需要社会主义法治文化全面把握、及时跟进，透过现象认清本质，以深刻了解社会主义发展历程中面临的各方面情况，不断掌握推进社会主义法治建设的主动权。提高解决社会主义法治建设面临的现实问题本领，需要拓展社会主义法治文化发展深度和广度。解决问题是认识问题的深化和拓展。只有有力解决社会主义法治建设中不断出现的现实问题，才能化解涉及公民切身利益、影响国家安全稳定、制约社会长远发展的棘手矛盾，实现科学立法、严格执法、公正司法、全民守法，全面推进依法治国顺利开展和深入进行，促使社会主义法治文化更多地关注现实、注重现实，不畏困难、不惧艰险，更多地从文化思想、理念、观念角度审视解决法治建设问题的措施、方法与途径，在解决实际问题中积累经验、提升水平。

　　社会主义法治建设面临的现实问题是社会主义法治文化发展的驱动器。矛盾是事物发展的动力和源泉，正是由于社会主义法治建设存在的现实问题与矛盾，推动社会主义法治文化不断从不完善到完善、不健全到健全的转化与提升。社会主义法治建设的现实矛盾与问题是客观的，其存在是不以人的意志为转移的。如能采取正确的方法措施解决社会主义法治建设现实矛盾与问题，就能不断化消极为积极、变被动为主动，将困难与问题转化成取得更大成效的推动力，从而推动社会主义法治文化的发展。在现实法治实践中，由于困难、矛盾与问题比较突出、比较尖锐，完成从阻力向动力的转化并不是一件容易的事情，因此需要各方面共同努力，积极创造条件，在综合治理、齐抓共管中形成合力。实践证明，在每一重要的历史关口，在错综复杂法治实践矛盾面前，党领导亿万人民奋发图强，努力攻关，战胜了法治建设实践中一个又一个困难，使社会主义法治文化建设不断迈上新台阶、步入新境界。当年我国申请加入 WTO 时，面临着法治建设落后，很多法律法规与国际要求不接轨等问题。经过全国上下共同努力，加紧制定和修改一系列法律，努力改善执法环境，不断提升司法水平，加大法律监督力度，持续加强社会主义法治建设，最终顺利迈进世界贸易组织大门。如今，我国法治建设实践仍然面临不少实际困难与矛盾，需要继续攻坚克难，不断将法治建设的压力转化为社会主义法治文化发展的动力。

第四节　国内因素与国际因素

在我国社会主义法治文化发展的道路上有法治本土化和国际化两种主张，表明社会主义法治文化发展，既受国内因素制约，又受国际因素影响。"本土派"强调通过挖掘我国本土实践中的法律资源推进法治建设，而"移植派"则强调通过移植世界各国主要是西方优秀的法律文明成果来推动法律现代化。

社会主义法治文化建设深受我国国情的影响。有什么样的国情，就有什么样的法治文化。社会主义法治文化建设水平是由我国国情所决定的，我国历史发展阶段和历史发展水平制约着社会主义法治文化精神、理念、原则和规则。社会主义法治文化不可能超越其所处的历史环境以及该历史环境下的社会物质条件。我国目前处于社会主义初级阶段，社会主义建设虽然取得了举世瞩目的成就，但从总体上看，生产力比较落后，地区之间、城乡之间经济发展不均衡，人均国民生产总值在世界上排名比较靠后，社会结构和利益格局面临深刻调整，部分地区和一些领域社会矛盾有所增加，群体性事件时有发生，权力运行不规范，腐败现象依然存在，各种利益关系交织，影响和制约社会稳定与国家安全的复杂因素进一步增多，这就决定了我国社会主义法治文化应当是深刻折射和反映我国当今历史发展水平的法治文化，具有中国特色和历史性、时代性、民族性较强的法治文化。社会主义法治文化只能在深刻了解和把握国情的基础上，才能找到适宜的发展道路和发展模式，才能不断总结和积累具有中国特色的法治发展经验并推动我国法治实践稳步推进和不断深入。离开我国国情，法治文化就失去了前进动力与发展源泉，也就不能正确评估自己所处的历史阶段和发展水平。人为地超越国情与历史发展阶段，法治文化就成了空中楼阁，难以充分彰显其生机与活力；人为地推后于国情与历史发展阶段，法治文化必然保守僵化，难以适应时代发展要求，难以对法治实践发挥引导、规范与制约作用。在借鉴他国法律时必须从实际出发，立足本国国情，不能盲目照抄照搬，否则，所借鉴的法律会因水土不服而难以在实践中扎根。移植的法律规范如何与国情相适应值得深刻关注。法律移植要从社会接受程度、社会民众理念及其认识水平、本土现有环境条件等诸方面的法律资源来分析研究。真正的法律不是镶嵌在法典里，而是融合于整个民族的血液中、播种于人们的心灵里。社会主义法治文化深深植根于华夏大地，其发展与国情息息相关。而现行一些法律不适应社会转型需求，对现实问题缺乏及时有效回应，有的法律规范成了"外来法"，难以及时满足社会需求，而这些需求又关系社会稳定和百姓基本生活，如稳定房价、物价，保证食品、药品安全，减少空气、水源污染，缩小贫富悬殊、两极分化等。

　　社会主义法治文化建设深受我国传统法律文化的影响。现实是从历史中走来的，现实的存在和发展是不能脱离历史的。我国传统法律文化形成于西周至秦汉时期，以儒家为主，法家、道家相辅，形成"儒主德治，法主刑杀，儒主阳刚，道主阴柔"的基本脉络。伴随国家"大一统"格局的出现和社会结构的变化而逐渐成熟，并被以后的封建王朝继承和发展，日趋完善，在隋唐时期达至顶峰，成为当时世界上最先进的法律文化，此后的传承过程并未中断，直至晚清。社会主义法治文化是在批判继承传统法律文化基础上形成并发展的，古代中华法系虽然解体了，但几千年传统法律文化的影响并没有消失，且根深蒂固，有的甚至深入骨髓。随着岁月长河洗礼，很多宝贵精髓被继承下来，且形成中国人的固有共识。法律规范、法律操作等能够在短时间内更新，而积淀着长远历史文化的法律心态、法律认同等不会轻易改变。有的人试图将我国传统法律文化一笔勾销，是根本不可能的，完全否认我国传统法律文化，是历史虚无主义的表现。弘扬我国传统法律文化优秀成果，是社会主义法治文化发展进程中面临的重要历史使命。我国传统法律文化将中国哲学天人合一、以人为本、道法自然等方面的精髓与精华融入法律领域，并加以提炼与升华，提升了我国法律的哲学境界和思想深度；礼法结合、明德慎刑的主张和做法有利于充分发挥法律与道德各自的特长与优势，对于促进依法治国和以德治国的有机结合，实现国家的长治久安具有重要意义；被西方学者赞赏并借鉴的注重协商与调解的"东方智慧"，有利于节约成本与资源，有效化解矛盾纠纷，维持当事人间和谐和睦关系，维持社会稳定；矜老恤幼的恤刑思想及其实践，是我国法律注重人性、注重人道的具体体现，是我国法律文明进步的重要标志。我国传统法律文化注重法律的教育功能，主张以法为教；注重治国者、执法者的道德品质以及对国家的责任感和使命感，主张为官者、执法者应清正廉洁、光明正大，发挥以吏为师的榜样作用；强调通过变法革新解决社会深层次矛盾，保持社会稳定，推动社会发展，等等。社会主义法治文化发展进程中，也要重视克服我国传统法律文化糟粕。传统法律文化中等级观念、官本位意识等成为当前法治发展的巨大障碍。维护封建等级特权的传统法律文化，助长了当今社会权力至上、重权轻法、以言代法、以权压法、以权毁法等观念和做法的滋生，官本位、一言堂、一刀切、乱决策、瞎指挥等成为社会发展的顽疾，熟人社会人情伦理弊端较为明显，对法治文化具有消解作用，构成"以情压法""以情代法""以情乱法"等现象层出不穷的深层原因。重视刑法、轻视民法的重刑主义传统助长了某些执法人员滥用权力、玩弄权力、攫取权力的做法和倾向，不仅严重忽视和轻视作为公民生存与发展基础的基本权利，而且成为市场经济发展和成熟的严重羁绊。法律工具主义传统在现实社会的存在，助长了执法用法中的实用主义倾向和急功近利的浮躁作风，影响法治信仰的形成，更制约法治思维的发展。

社会主义法治文化建设深受我国政治优势的影响。在长期的革命、建设与改革实践中，不断形成并逐步完善中国特色政治制度，形成我国特有的政治优势，成为推进党和人民事业的坚实保障，也成为社会主义法治文化建设的有力支撑。党的领导是社会主义法治文化建设发展的根本保证。只有坚持党的领导，才能确保社会主义法治文化建设沿着维护人民群众根本利益的方向前进，才能战胜社会主义法治文化建设道路上各种错误思潮和有害思想带来的严峻挑战，才能将社会主义法治文化建设转化成维护社会稳定、促进国家发展的动力与源泉。社会主义法治文化建设必须坚持社会主义发展方向，为确认和维护社会主义建设和发展成果服务，为反对和克服封建残余思想与资本主义消极观念而不懈努力。社会主义法治文化建设绝不能脱离中国特色社会主义理论的指导，中国特色社会主义理论对于确保社会主义法治文化沿着正确轨道运行，不断丰富和完善社会主义法治文化的思想理念、原则规则、内涵内容等具有十分重要的意义。中国特色社会主义道路是中国人民的历史选择，建设社会主义法治文化应当坚持而不能背离中国特色社会主义道路，并在这一进程中，提升社会主义法治文化的意蕴与境界，将社会主义法治文化不断推向新的高度。

社会主义法治文化建设深受世界形势的影响。历史经验告诉我们，无论是世界范围的民族民主革命运动时期，还是冷战对峙的意识形态战争时期，与时代主题不一致的单纯的法治建设并不能实现真正意义上的法治。目前，全球化浪潮不断发展，各种文化的交融交锋日益明显，文明互鉴与文化冲突成为常态。当今世界，国与国之间的联系越来越密切，文化碰撞与文化交流日益频繁，作为人类命运共同体的"地球村"成为社会主义法治文化发展重要平台。社会主义法治文化是世界文化总体的重要组成部分，其发展内容与趋向深受世界发展趋势与形势的影响。社会主义法治文化建设应顺应世界发展趋势和形势，注重人类社会共同关注与需求，将社会主义法治文化发展利益与国际社会发展权益有机结合起来，充分吸纳和借鉴国际社会遵循的公平正义、合作共赢、平等互利、和平发展的精神与原则，不断健全与完善社会主义法治文化建设原则与规则。社会主义法治文化建设应成为世界文化与人类文明的承载者与传播者，将世界各国优秀文化成果融入自身发展历程。社会主义法治文化精神与当今世界优秀文明成果是相互融合、共同发展的，社会主义法治文化的本质与内涵决定了社会主义法治文化与当今世界优秀文明成果存在着内在的统一与精神的契合。社会主义法治文化建设只有借鉴和弘扬当今世界优秀文明成果，而不是漠视世界发展形势，脱离人类求生存、图发展、谋合作的国际轨道，才能站到新高度、进入新境界、开创新局面。

　　社会主义法治文化建设深受西方法治文化的影响。西方法治文化源远流长，对世界各国法治文化产生深远影响。社会主义法治文化自诞生以来，就非常注重借鉴西方法治文化，从西方法治文化中吸取优秀的文化成果。西方法治文化开创了人类法律发展的新进程，将法律发展历史引入法治发展道路，将法律从封建等级专制和特权统治中解放出来，并赋予法律新的理念和观念，具有重大的历史进步性。西方法治文化所提倡和主张的理性精神、正义观念、法律至上、权利自由、权力制约、法律信仰等理念和观念对社会主义法治文化产生深刻影响，丰富和完善了社会主义法治文化的理念和观念，有利于社会主义法治文化建设和发展。西方法治文化发展过程中注重经验主义法治模式与建构主义法治模式相互促进，社会优越型法治模式与国家优位型法治模式互动发展，刚性法治模式与柔性法治模式相互演化，对于发展和完善社会主义法治文化发展模式具有重要的启示意义。新中国成立以来特别是改革开放以来，西方法治文化对我国社会主义法治文化的影响不断凸显，我国立法中的法律移植则更为普遍，很多法律的起草都是综合借鉴许多国家相关规定的产物。30 余年来，我国在立法中借鉴、移植外国法和国际法可分为如下三种情况：第一，在经济全球化背景下，借鉴、移植国际标准。到 2017 年 6 月底，中国国家标准总数达 37256 项，其中采用国际标准的占 68%，在金融监管、证券监管、会计、审计等领域正全力与国际接轨。第二，在涉外事务立法上，借鉴、移植外国及国际上的相关立法，如三资企业法、民事诉讼法、涉外税法、继承法、民法通则、刑事诉讼法、刑法、海商法、票据法等。第三，在涉及国内事务立法上，借鉴、移植外国相关立法。在制定和修改刑法时，大量借鉴各国刑事立法的成功经验，"罪刑法定"等原则和"危害国家安全罪""单位犯罪""财产来源不明罪"等均引自国外。刑事诉讼法的"辩护制度""无罪推定""庭审方式""强制措施"等也都引自国外。民法的公平、平等、自愿、公序良俗等基本原则及制度也来自《德国民法典》《法国民法典》《日本民法典》《瑞士民法典》等外国法。合同法、公司法、劳动法、婚姻法等众多法律的制定也借鉴、移植了国外相关立法。吸取西方法治文化优秀成果的同时，必须对西方法治思想的侵略性及其"西方法治中心论"的哲学基础有全面、清醒的认识。要看到"泛西方化"的法治实践给非西方社会（拉丁美洲地区，西亚、北非及南部非洲地区）带来社会动荡、秩序混乱与生活贫困。要认识到西方法治文化本身，同样不能全盘西化。西方各个国家对法治内涵理解不同，导致英国、美国、德国等不同的法治实践；西方法治在较长时间内，不注重强调法律的正义性，只强调法律的工具价值，以冰冷的法律维持社会秩序，给世界带来沉重灾难。西方法治是发展的文化，自身处于不断完善、成熟的过程。对西方法治的吸收，应主要借鉴包括公正、自由等在内的法治观念，至于如何弘扬，则应立足于我国国情。我们在借鉴西方法治理念与模式、主动融入全球法律体系的进程中，必须坚持独立自主，以有效地维护国家与民族利益。在法治建设持续推进的今天，靠借鉴西方法治经验的追仿型法治模式已不合时宜。法治是受特定社会物资条件制约的社会实践，是基于各国国情形成的，偏爱借鉴西方法治经验不可能从根本上构建适合我国的法治模式。近些年我国法治实践证明，西方国家法治并不完全适用于我国实际。人们观念中的西方法治模式是理想化的法治假想，既不符合逻辑，也不是西方社会真实状态。企盼以一种假想的法治模式来评价、引导法治实践，有可能导致重大失误。马克思主义哲学强调，生产力决定生产关系，经济基础决定上层建筑。从总体上讲，西方法治文化是为西方政治统治和经济发展服务的，代表和体现的是资产阶级的根本利益。当西方法学家所声明的理论主张和学术观点有利于西方政治统治和经济发展时，统治者对其倍加重视，并鼓励其发展；当西方法学家的理论主张和学术观点危及西方政治统治和经济发展时，统治者就会对其遏制打压，限制其扩展。而且，西方法学家所主张和鼓吹的法治文化是一回事，而西方所实现的实然的法治文化是另一回事。西方法治文化的发展历史是充满荆棘与危机的历史，特别是现当代社会，随着西方严重的经济危机与金融危机，与西方道德危机、价值危机相伴而生的严重的法治危机，充分证明西方法学家所主张的西方法治文化并不是人类的"理想国"，在借鉴国外法律完善我国法治建设进程中，必须坚持科学合理吸收的原则。

社会主义法治文化建设深受西方发展模式的影响。由于历史原因及环境条件的影响，西方国家逐渐形成了自身的价值观念和发展道路，对世界发展历程产生较深影响。直到今天，西方国家在国际社会的发展舞台上，占据多方面的优势和条件，在此基础上形成西方发展模式，包括经济模式、政治模式、文化模式、军事模式等，并竭力在世界各国推广这些模式，试图以这些模式来统领整个国际社会，以西方标准来建构世界。如何应对西方法治发展模式的影响是社会主义法治文化发展过程中面临的重大课题。对于西方发展模式一概否认，是不符合历史辩证法的，这些模式毕竟是一定历史条件的产物，是为克服和解决当时西方社会面临的困难、矛盾和问题而构建的，具有一定的历史进步性，其中某些有利因素对于社会主义法治文化的发展具有积极的借鉴意义。而不顾本国国情和实际，生搬硬套西方发展模式，对于社会主义法治文化建设事业也是非常不利的，必须予以高度警惕。每个国家、每个民族都有特定的法治文化，而且这些特定的法治文化是在特定的历史条件下形成和积淀的。社会主义法治文化建设具有自身的特点与规律，具有特定的历史性、时代性和民族性，具有浓厚的中国元素、鲜明的中国特色、精彩的中国风格，必须全面认识、深刻把握西方发展模式的利弊得失，决不能成为西方法治文化的"复印机"和"传声筒"。

第八章　新时代法治文化建设的路径选择

在如何推进法治文化建设的问题上，国内学者从不同角度、不同层面对路径与对策进行了研究探索，有的从法治精神培育角度阐述了法治文化建设的原则和要求，有的从文化层面提出了法治文化建设的重点和方法，有的从实践层面研究了法治文化建设的思路和举措。社会主义法治文化的发展是一个自然历史过程和自觉能动过程的统一，必须高举中国特色社会主义伟大旗帜，以马克思列宁主义、毛泽东思想、邓小平理论、"三个代表"重要思想、科学发展观为指导，深入贯彻学习习近平新时代系列重要讲话精神，按照党的十八届四中全会提出的弘扬社会主义法治精神、建设社会主义法治文化的要求，从制度、实践、主体、意识等层面推动社会主义法治文化建设深入发展。

第一节　制度层面的路径选择

从制度层面上完善中国特色社会主义法律规范体系，维护社会主义法治的统一、尊严和权威，这是法治文化建设的关键。党的十八届四中全会做出全面依法治国的重大部署，提出了"建设中国特色社会主义法治体系，建设社会主义法治国家"的总目标。立法在依法治国中具有特别重要的基础性作用和地位，推行法治必须首先加强立法，才能做到有法可依。因此，建设法治中国，要坚持立法先行，充分发挥立法的引领推动作用。要完善以宪法为核心的中国特色社会主义法律体系，并将形成完备的法律规范体系作为建设中国特色社会主义法治体系的重要任务。当前，中国已形成了以宪法为统帅的中国特色社会主义法律体系，国家经济、政治、文化、社会、生态文明建设均有法可依。所以，现在立法任务的重点是对现行的社会主义法律体系进行完善。在中国特色社会主义法律体系已经形成的历史环境下，面对经济体制深刻变革、社会结构深刻变动、利益格局深刻变化、思想观念深刻变化的新形势，应当继续坚持以中国特色社会主义理论体系为指导，不断研究新情况、分析新问题、总结新经验，进一步加强科学立法、民主立法，不断加强和改进立法工作，提高立法质量，完善制度体系。

要注重适应立法需求。当前我国经济社会发展一日千里，新情况新变化新问题必须在法律体系中得到及时、准确的反应。比如，电子商务在 20 年前还是空白，而今天却已成为新的生活方式，深刻冲击着我国经济政治文化结构，由此也带来了诸多法律新课题。类似的新情况新问题在我国社会主义经济建设、政治建设、文化建设、社会建设、生态文明建设中层出不穷。在全面深化改革的时代背景下，必须适应社会发展制定新的法律，顺应时代发展，清理、修改、废止和解释已有的法律，以确保法律体系的与时俱进。改革的推进必须尊重已有的制度建设，重视顶层设计，严格在法律的框架内进行改革创新。任何"先行先试"都不能没有法律授权，任何"摸着石头过河"都必须循着法律轨道进行。回顾过去一年的成就，中国以立法引领改革，确保重大改革于法有据、有序进行的实践特色十分明显。一系列立法、修法、释法，既确保了改革决策的合法性，又争取了多数群众的拥护，最大限度凝聚了改革共识，切实起到了引领带动改革的作用。中国法律体系是开放、动态、发展的，必然要随着中国特色社会主义事业的实践不断发展和完善。根据十二届全国人大常委会五年立法规划，一些条件比较成熟的立法项目将在任期内拟提请审议，主要涉及立法、司法、行政、食品安全、医疗卫生、环保、财税等诸多事关改革成败的关键领域，必将为政治、经济体制改革保驾护航，加速推进工业化、信息化、城镇化和农业现代化。

要重视提高立法质量。必须准确把握时代脉搏，掌握新事物的本质和规律，最大程度增强法律法规的及时性、系统性、针对性、有效性。为此，要坚持问题导向，深入调查研究，聚焦中国问题的实际。要恪守以民为本、立法为民理念，贯彻社会主义核心价值观，使每一项立法都符合宪法精神。要以高质量的立法为目标，坚持科学立法、民主立法。科学立法是提高立法质量的关键。必须科学严密地设计系统、周密、可操作的法律规范，守法才能方便、有利，执法才能切中要害、解决问题。只有科学立法，使法律具有内在的生命力，才能真正树立法律的权威。民主立法是提高立法质量的途径。拓展人民群众有序参与立法，能够使制定的法律更有效地贴切人民群众的切身利益，法律就能更好实现党的主张和人民意志相统一，也必将获得更大的拥护和执行力。法律制定必须在专家观点、部门意见的基础上，积极听取执法基层的声音、社会大众的声音，以避免制定的法律不接地气、出现偏差、执行力差。要强调完善立法完善环节，包括在法律提交通过前增加评估环节，以及在法律、法规施行一段时间后，及时对绩效进行全面、客观的分析，采用科学的评估方法，发现存在的缺陷，根据司法实践暴露出的问题和社会发展的实际需要，及时通过法定程序予以修正、解释或废止。

实践中，我们在立法领域还存在一些突出问题。比如，有的法律法规未能全面反映客观规律和人民的意愿，针对性、可操作性不强；有的立法实际上受利益牵制，一些地方利用法规实行的地方保护主义对抗统一开放的市场秩序，损害国家法治统一等。对此，党的十八届四中全会研究制定了一些具体的举措，比如，健全宪法实施和监督制度。党的十八届四中全会旗帜鲜明地提出坚持依法治国首先要坚持依宪治国，坚持依法执政首先要坚持依宪执政。要完善全国人大及其常委会的宪法监督制度，健全宪法解释的程序机制，完善立法体制。要加强备案审查制度和能力建设，把所有规范性文件纳入备案审查范围，依法撤销和纠正违宪违法的规范性文件。无论是党的文件、政府的文件，还是法律法规、司法解释、部门规章，一切规范性文件，全部纳入备案审查的范围，凡是违反宪法的规范性文件，一律予以撤销和纠正。明确禁止地方制发带有立法性质的文件。凡是有立法性质的红头文件，即涉及公民权利义务的，约束公民权利的，或者给这个部门、这个地方增加权利的，减免职责的，都一律禁止发布。又如，建立宪法宣誓制度，凡是经过全国人大及其常委会任命和决定的人员、国家公职人员，必须进行宪法宣誓，通过这种宣誓制度来培养国家公职人员对宪法的敬畏、尊崇、信仰。通过宪法宣誓制度，维护宪法的权威、提升宪法的地位，树立尊重宪法的意识，弘扬维护宪法的精神，从而培育法治精神。再如，要加强重点领域的立法，涉及公民的权利保障、经济领域立法、政治领域立法、文化领域立法、社会领域立法、国家安全立法和生态文明领域立法等七个方面。这些重点领域立法，都是与全面推进深化改革相配套的，都是全面深化改革的重点领域和关键环节的一些重要法律制度。

依法治国，是中国共产党领导人民治理国家的基本方略。全面深化改革，是当代中国最鲜明的时代主题。在推进国家治理体系和治理能力现代化的目标下，先立法后改革、边立法边改革，也必然会成为中国法治建设的亮点。最新颁布的《法治政府建设实施纲要（2015—2020年）》中，为提高政府立法质量，构建系统完备、科学规范、运行有效的依法行政制度体系，对完善依法行政制度体系也做了详细的设计和规划。相信随着立法工作的推进，中国各级政府将得以更好地用法治方式履行政府职能、推动改革发展。法治政府、法治中国的建设稳扎稳打，法治文化培育形成的基础也日益牢固。

第二节　实践层面的路径选择

影响和决定法治文化建设的不仅仅是法律制度本身，更重要的是现实生活中的法治实践。法治实践对法治文化的形成产生直接的、巨大的、现实的作用和影响。法律的生命力在于实施，落实依法治国基本方略，加快建设社会主义法治国家，必须保证宪法和法律的全面有效实施。法律实施的核心内容包括行政机关的执法和司法机关的司法行为。由于保证宪法和法律实施的具体操作制度还不健全，以及执法者法治素质的参差不齐，导致一些关系人民群众切身利益的执法司法问题还比较突出，一些公职人员滥用职权、失职渎职、执法犯法甚至徇私枉法等，严重损害了国家法制权威，使得法律实施成为当前中国法治实践中问题比较集中的短板领域。必须通过宪法和法律的全面有效实施，实现从"法律体系"向"法治体系"的转变，加速法治国家的建设进程。为此，在实践层面，要大力推进严格执法、公正司法，充分实现以公平正义为核心的法治价值，这是法治文化建设的重点。

依法行政是法治国家建设的核心。在我国，有80%的法律法规是由行政机关执行的。所以，依法行政是全面推进依法治国的重要组成部分，是建设法治政府的关键，是法治国家建设的核心。习近平总书记指出："行政机关是实施法律法规的重要主体，要带头严格执法，维护公共利益、人民权益和社会秩序。执法者必须忠于法律，既不能以权压法、以身试法，也不能法外开恩、徇情枉法。各级领导机关和领导干部要提高运用法治思维和法治方式的能力，努力以法治凝聚改革共识、规范发展行为、促进矛盾化解、保障社会和谐。"要落实依法行政问题，必须着力解决好依法、督法的问题。

依法行政的关键环节是依法。依法行政就是要坚持以法律为标准，公开、公平、公正处事。依法行政的前提是懂法。如果对法律一知半解，甚至法盲，依法行政就会流于空谈。行政机关工作人员必须懂法，深入学习法律法规，真懂、真用法律法规，在办事的时候认真对照相关法律法规，符合规定要求就立即办、按规定办，不符合的就不能办。行政机关工作人员要强化法律意识，牢固树立法律观念，用法律思维指导行政工作，要充分认识法律的重要性和必要性，做任何工作或处理任何事物都要以法律为依据，都要想一想符不符合法律要求，有没有按法律规定程序办理。依法行政就是要排除各种违法干扰，确保依法到位。从另一个角度来说，依法行政也是机关工作人员守法的题中应有之义和具体表现。为此，机关公务人员必须严于律己，遵守法律法规，依法履行职责，坚持为民服务的基本理念，不得设法律之外的特殊权力，不得以权谋私，不得滥用职权。

依法行政的重要保障是监督。依法行政的监督主要包括党内监督、人大监督、民主监督、行政监督、司法监督、审计监督、社会监督、舆论监督。要强化依法行政的制约和监督，就要建立科学有效的权力运行制约和监督体系，增强监督合力。例如，建立依法行政工作报告制度，及时汇报依法行政的进展情况、主要成效、突出问题和下一步工作安排；相关部门按照政府赋予的权力，定期或不定期地深入机关行政单位，进行依法行政工作检查；建立和完善依法行政考核办法，明确考核原则、考核内容、考核标准、考核方式方法等。通过这些科学有效的强力措施，切实加强对依法行政的监督，保证及时发现、研究、解决问题，从而对依法行政实现有效的过程监控，确保依法行政顺利有效地推进。另外，加强对执法活动的监督，还可以有效预防另外一种负面问题，即地方保护主义和部门保护主义因利益驱动而对执法活动的非法干预，从而坚决惩治腐败现象，做到有权必有责、用权受监督、违法必追究。

司法公正是法治中国建设的关键。司法是民众可以直接感受的法治，公正司法是提升法治公信力的根本途径。实践中，令民众印象深刻的大多是那些被具体案例解释和适用的法律规则。因此，公正司法成为社会公众累积形成法治信仰的重要途径。司法诚信不足，导致法治信用的恶化，不利于社会主义法治文化建设。为此，需要通过一系列制度安排和主观努力，使现有法律及其所承载的法治价值在实践中落实，有效发挥公正司法在法治建设和法治文化培育中的作用。

加快司法体制改革，努力实现司法自治。司法独立是现代司法理念的基础，也是实现司法公正所必须具备的要件。当下正在摸索推进的司法体制改革是个系统工程，除了修补性措施外，更需要相配套协调的各项制度措施，以改变司法地方化、行政化、非职业化的现状。为此，要改变现行的法官人事制度，使法官的任免、晋级、奖惩由法院系统按法定的严格标准进行，实现司法人员的专业化、稳定化和独立化。要建立独立的司法预算制度，成立独立的司法财政体系，从而摆脱对地方财政的依赖，摆脱地方政府的干涉。

总之，要进一步深化司法体制改革，坚持和完善中国特色社会主义司法制度，确保审判机关、检察机关依法独立公正行使审判权、检察权。

加强法官队伍建设，提高公正司法能力。法官的职业技能、职业伦理和职业道德等综合职业素质，是实现司法公正的主观要求。从某种意义上讲，没有高素质的法官队伍，就不会有法治国家的形成。法官素质的提高会极大地增加社会普通公众对于追求公平正义的信心。因此，必须加强政法队伍建设，积极探索加强法官司法能力建设的有效途径和措施，努力增强法官驾驭庭审的本领、辩法明理的本领、文书制作的本领、纠纷调处的本领以及拒腐防变的本领。要严格依法公开选拔法官，从良好的法律素养、高尚的道德情操、优秀的思想品质和持久的敬业精神等方面强化对法官的考核。建立以主审法官负责制为中心的司法权运行和监督机制，逐步实现司法自律。

强化监督机制，促进司法公正的实现。权力缺乏监督，就会滋生腐败。为了实现司法权的正确行使，及时有效地矫正司法不公现象，必须加强对司法行为的内部监督和外部监督。在监督过程中，注意追根求源，严查司法不公背后的腐败问题，切实维护当事人的合法权益。要注意发挥外部监督的重要作用，不断规范和完善现有的党委监督、纪委的纪律监督、政协的民主监督和媒体的舆论监督等监督方式，尤其应当强化人大对司法工作的监督。

各级行政机关、司法机关要根据《中共中央关于全面推进依法治国若干重大问题的决定》确立的指导思想和目标，将法治精神体现在行政行为、司法行为中，摈弃一切忽视法治、违背法治的因素，确保行政行为、司法行为法治化。行政机关要深入推进依法行政，加快建设法治政府。在对待自身职责方面，行政机关应当自觉依法行政，贯彻法定职责必须为、法无授权不可为，勇于负责、敢于担当，坚决纠正不作为、乱作为，坚决克服懒政、怠政，坚决惩处失职、渎职。扎实推进政务公开，强化对行政权力的自我约束和监督。行政机关要健全依法决策机制，理顺行政执法体制，规范行政执法行为，不断提高行政机关工作人员依法行政的观念和能力，始终坚持严格规范公正文明执法。司法机关要加强自身诚信建设，严格奉行"以事实为根据，以法律为准绳""法律面前人人平等"等司法法治原则，努力让人民群众在每一个司法案件中感受到公平正义；在司法实践中坚持"公正"的司法价值取向，充分发挥司法职能，有力打击违法犯罪行为，大力倡导公平正义的社会风尚。

第三节　主体层面的路径选择

《中共中央关于全面推进依法治国若干重大问题的决定》要求，必须弘扬社会主义法治精神，建设社会主义法治文化，增强全社会厉行法治的积极性和主动性，形成守法光荣、违法可耻的社会氛围，使全体人民都成为社会主义法治的忠实崇尚者、自觉遵守者、坚定捍卫者。为此，在主体层面，必须尊重人民的主体地位，发挥人民的主体作用，不断提高领导干部、执法人员、公民的法治素养，这是法治文化建设的核心。

人民是法治建设的主体。党的十八届四中全会提出，全面推进依法治国要坚持人民主体地位。人民是依法治国的主体和力量源泉。必须坚持法治建设为了人民、依靠人民、造福人民、保护人民，以保障人民根本权益为出发点和落脚点。坚持和尊重人民的主体地位，首先体现在切实保障人民的宪法、法律权利上。习近平总书记指出：只有保证公民在法律面前一律平等，尊重和保障人权，保证人民依法享有广泛的权利和自由，宪法才能深入人心，走入人民群众，宪法实施才能真正成为全体人民的自觉行动。要完善立法工作机制和程序，扩大公众有序参与，充分听取各方面意见，使法律准确反映经济社会发展要求，更好协调利益关系。要坚持司法为民，改进司法工作作风，通过热情服务，切实解决好老百姓打官司难问题。要树立以人民为中心的工作导向，始终把人民放在心中最高位置，将党的群众路线贯彻到立法、执法、司法的各个环节中去，坚持联系群众、贴近群众、依靠群众、服务群众。

把依靠人民参与作为法治建设的基本方式。群众对自身利益最关切，对矛盾纠纷产生的原因、存在的症结最清楚，解决起来最有智慧。要创新工作方法，善于运用法治思维和法治方式解决涉及群众切身利益的矛盾和问题，把群众路线和法治思维结合起来，紧紧依靠基层组织和广大群众预防化解社会矛盾，让群众自己组织起来通过法治方式解决自己的问题。坚持科学决策、民主决策，使政策制定的过程成为倾听民意、化解民忧、赢得群众支持的过程。要充分依靠人民群众，自觉接受人民群众监督，实行专责机关和群众参与相结合，坚持走群众路线。把人民满意作为检验法治建设成效的根本标准。立法、执法、司法机关必须坚持以人民满意为目标，不断提高人民群众的认同感和信任度。

把法治教育纳入国民教育体系。党的十八届四中全会决定提出：深入开展法治宣传教育，把法治教育纳入国民教育体系。国民教育是指由国家政府举办，面向全体国民及其子女，以提高国民素质为目标的教育。现代国民教育体系以终身教育思想为导向，以普通教育和职业教育为基础，以初等、中等、高等教育为层次，以成长教育和继续教育为阶段，以提高全民族思想道德素质和科学文化素质，形成全民学习、终身学习的学习型社会为目标。把法治教育纳入国民教育体系，意味着法治教育成为一种全民性教育、全程性教育和全域性教育。法治教育成为每一个国民应享有的教育权利和应履行的教育义务，将贯穿于基础教育、高等教育、职业教育、成人教育等不同阶段、不同类型的教育之中，将全面涵盖各地区和各行业，整个社会不再存在由于教育体制而造成的普法空白。把法治教育纳入国民教育体系，实质和目标就是把法治变为国民的一种认知方式和生活方式，增强法治意识，弘扬法治精神，确立法治理念，坚定法治信仰，崇尚法治价值，提高法治素养，有效发挥法治文化的引导功能、规范功能、教育功能和整合功能，使法治内化为国民素质，见之于国民行动。

抓好领导干部这个"关键少数"。各级领导干部是党和国家政策法律的具体执行者，代表着党和国家的形象，其一言一行对一般干部和群众有着巨大的示范效应。只有国家机关及其工作人员特别是领导干部带头遵守法律，用法律约束自己的行为，法治精神才能得以彰显，法治信仰才能得以塑造。群众的眼睛是雪亮的，对公众产生引导作用最大的是国家机关和领导干部的实际行动。所以，各级领导干部法治素养的高低，直接决定着依法治国、依法执政、依法行政水平的高低，事关我们党执政兴国，事关人民幸福安康，事关党和国家长治久安。与法治中国建设的时代要求相比，一些领导干部的法治素养还存在许多不适应、不符合的问题。究其原因，法治信仰缺失、法治意识淡薄、法治能力不足是其重要方面。

要加强法治学习，牢固树立法治意识。党的十八届四中全会指出，要"深入开展法治宣传教育""坚持把领导干部带头学法、模范守法作为树立法治意识的关键"。要扎实开展党委（党组）中心组集体学法活动，通过开设法治专题课程或举办法治专题培训班，对领导干部进行法律知识的轮训。要注重自我学习，根据自己工作需要，从书籍、报刊、广播、电视、网络以及各种新媒体上学习法律知识。领导干部要通过各种方式的学习教育，牢固树立宪法和法律至上的观念、法律面前一律平等的观念、法大于权的观念、尊重和保障人权的观念、依法决策依法行政依法管理依法办事的观念和权力必须受到制约的观念，真正把法治内化于心、外化于行，成为社会主义法治的忠实崇尚者、自觉遵守者和坚定捍卫者。

要加强法治实践，养成依法办事习惯。党的十八届四中全会指出，要"提高党员干部法治思维和依法办事能力"。对深化改革、推动发展、化解矛盾、维护稳定的问题，在众多的解决方式中，要首选法治方式或者以法治为主要方式去解决，把依法办事作为重要职责，想问题、做决策首先要考虑"合法不合法"，力争把法规制度贯穿其中，推动依法从政有效落实。按法定程序办事，是依法行政的重要内容，也是依法行政的重要保障。领导干部不可能都是法律方面的专家，在实际工作中也会遇到法律难题。积极推行政府法律顾问制度，在制定行政决策、推进依法行政中要听取法律顾问意见建议，使决策于法有据。

加强制度机制建设，营造良好法治环境。要加强党内法规制度建设。党的十八届四中全会指出："党内法规既是管党治党的重要依据，也是建设社会主义法治国家的有力保障。"完善党内法规制定体制机制，加大党内法规备案审查和解释力度，形成配套完备的党内法规制度体系。注重党内法规同国家法律的衔接和协调，提高党内法规执行力，运用党内法规把党要管党、从严治党落到实处，促进党员领导干部带头遵守国家法律法规。要建立激励引导机制。习近平总书记指出："各级组织部门要把能不能依法办事、遵守法律作为考察识别干部的重要条件"。建立激励引导机制就要把法治建设成效作为衡量各级领导班子和领导干部工作实绩的重要内容，纳入政绩考核指标体系。在相同条件下，优先提拔法治素养好、依法办事能力强的干部，激励和促进领导干部自觉学法守法，提升法治素养。要建立责任追究和倒查机制。对决策严重失误或者依法应该及时做出决策但久拖不决并造成重大损失、恶劣影响的，严格追究行政负有责任的其他领导人员和相关责任人员的法律责任。

第四节　意识层面的路径选择

全面推进依法治国，科学立法是前提，严格执法是保障，公正司法是生命线，全民守法是法治建设成效的重要标志。要实现"全民守法"目标，必须以法治政府的建立促进法治社会的发育，以司法的严谨、执法的严格来培育公民守法的自觉性。为此，需要在意识层面加强法治理论研究和法治文艺创作，通过教育引导、舆论宣传、文化熏陶、实践养成、制度保障，营造普遍崇尚法治的社会氛围，这是法治文化建设的基础。通过弘扬社会主义法治文化为核心的法治宣传教育，大力营造社会主义法治文化建设的舆论氛围，提高全民法律素质，推动学法、尊法、守法、用法，凝聚起加强社会主义法治文化建设的强大力量。

在理念上要坚持以人为本，更加注重培养公民的法治精神和法律信仰。从 1986 年开始，我们就在全国范围内对全体国民有组织地进行大规模的普法教育。我国已经完成了以全体公民为教育对象的五个法治宣传教育五年规划，"六五"普法规划正在进行中，普法内涵不断丰富、领域不断拓宽，成为推进依法治国、建设社会主义法治国家的一项重要基础性工作。但是，传统的普法工作重点一直放在对现行法律的学习和遵守上，没有把培育法治观念放在重要位置，造成许多国民只掌握了零星的法律知识，没有真正了解法律知识背后的文化内涵。因此，需要在内容上努力增加法治文化含量，善于挖掘古今中外法治文化资源。弘扬中华优秀传统文化讲仁爱、重民本、守诚信、崇正义、尚和合、求大同的时代价值；通过鲜活具体的法律案例，引导群众理解法律案例、法律条文背后所蕴含的法律精神、法律价值；注重法治实践的教育引导作用，使法治文化内化为素质、见之于行动；着眼公民合法权益的维护，让人们从听得懂的良法和看得见的公正中，获得对守法的内心遵从，从而为法治国家的建立奠定坚实的思想文化基础。

在教育中要坚持以提升公民的法治理念为中心目标，切实地培养公民对法律发自内心的尊崇，将法治内化为公民自觉的意识和选择。把法治理念贯穿于社会主义法治建设的实践，在全体党员、干部和广大群众中特别是在立法、执法、司法等部门开展社会主义法治理念教育，引导全社会特别是领导干部和执法人员深刻理解和把握社会主义法治理念的本质要求，确立和实现以宪法和法律为治理国家的最具权威价值的取向。把社会主义法治理念和现代法治思想全面落实到立法、行政、司法、法律监督等各个环节，落实到依法执政、依法治理、依法办事的各个层面，推进法治政府、法治社会建设。以春风化雨的形式，将法治教育送入街头巷尾、百姓人家。只有经过多管齐下的法治教育和培育，遵法守法的意识才能蔚然成风，社会主义法治文化才能在广大人民群众中落地生根，从而为全面推进依法治国打牢坚实的社会基础。

在形式上要注重宣传实效，丰富形式载体，通过人民群众喜闻乐见的形式，采取人民群众易于接受的宣传手段，不断增强法治文化的渗透力，不断广泛开展群众性法治文化活动。人民群众是法治文化建设的主体，要使法治文化真正内化为人民群众强烈的精神追求和心理需要，必须大力开展群众性法治文化活动。群众性法治文化活动能够极大地丰富法治文化建设的内容，有效增强法治文化与人民群众的互动关系，从而扩大法治文化的覆盖面和渗透力，在人民群众中形成良好的学法用法新风尚。开展群众性法治文化活动要坚持以人为本的理念，以培育公民的法治精神和法治信仰为落脚点，通过形式多样的活动，使人民群众形成对法治理念的认同，使法治成为人民群众的文化共识、价值取向和行为方式。在内容上，要围绕中心、贴近需要，以社会焦点、热点、难点问题为切入口，积极宣传法治建设的意义所在，激发和调动人民群众自觉投身法治建设的积极性。在形式上，要坚持用人们喜闻乐见的影视、动漫、诗词、书法、曲艺、戏剧、舞蹈、故事等形式，让人民群众在寓教于乐中受启迪，在潜移默化中受感染。要深入开展法治文化进机关、进学校、进企业、进社区、进乡村、进军营等法治宣传活动。广泛开展各个层面的法治事件解读、法治新闻评选，以及法律图书阅读、法律知识竞赛、法治征文比赛、法治文化论坛等活动，努力把法治意识、法治精神、法治理念融入人们的头脑里，体现在人们的日常行为中。

加强新媒体新技术在普法中的运用。《中共中央关于全面推进依法治国若干重大问题的决定》指出：加强新媒体新技术在普法中的运用。新媒体是以互联网为载体的新媒介，包括微博、微信、微电影、微小说等，其外延是伴随着媒体发展而不断变化的。随着互联网的迅速发展，以微博、微信、客户端等为代表的网络应用逐渐从边缘走向主流。在新媒体时代，信息传播格局、社会舆论生态、公众参与方式都发生了很大改变，法治文化建设面临空前开放、高度透明、全时跟踪的舆论环境。面对时代的挑战，法治文化建设必须适时更新观念，积极主动作为，全力提升新媒体新技术在普法宣传中的作用。要掌握新媒体的工作模式，转变普法工作思路，由单向发布、被动回应向沟通互动、主动引导转变，着力打造一批在国内外有较强影响力的普法官方微博、普法官方微信、普法社交平台，形成以政府网站、新闻网站、普法网站为骨干，商业网站相配合，各类网站共同参与，广泛深入开展法治宣传教育的生动局面。要潜心研究和创作适合新媒体宣传的精品，采取视频、文字、漫画、公益广告等多种形式，通过普法微信、普法微博、普法网站等平台普法，开展庭审微博直播、庭审网络视频直播，以大众易于接受的方式进行信息传播。要注重新媒体的工作效果，凸显普法产品的时代性，提升普法产品的便携度，增强普法产品的吸引力。

以领导干部带头学法、模范守法作为树立法治意识的关键。党和国家各级领导干部是依法治国的领导者、组织者和实施者，其如何认识和处理权力与法律、指令与法令的关系，直接关系整个国家法治建设的发展进程。在"民以吏为师"的传统根深蒂固的情况下，依法治国的领导者、组织者和实施者为法所治，就是对全民最生动最实际最有效的法治教育。因此，领导干部必须牢固树立法律法规是实施管理的基本依据，依法办事是开展工作的基本方式，尊法守法是领导干部的基本素质，执法用法是领导干部的基本职责等观念，牢记法律红线不可逾越、法律底线不可触碰，严格按法律规范约束自己、教育管理部属、协调上下关系、处理内外矛盾，自觉做到恪守原则不动摇，实施法规不走样，履行程序不变通。如果党和国家各级领导干部能够依法办事，从而建立起公正严明的法律秩序，就能充分显示社会主义法治的力量与权威，法律制度就能充分得到人民群众的普遍认同和遵守，并经过长期实践积淀为稳定的思想观念和行为方式。

第九章　新时代法治文化建设的目标取向

社会主义法治文化是中国共产党领导人民传承中国传统文化精华、借鉴人类法治文明成果，在当代中国法治实践中形成的，体现社会主义先进文化内在要求的法治意识、法治精神、法治理念、法治信仰、法治精神等精神文明成果的集合。社会主义法治文化建设过程，实际上就是通过教育、引导、熏陶和启迪，使法治意识、法治精神、法治理念、法治信仰等内化于心、固化于制、外化于行的过程。因而，正确把握社会主义法治文化建设的目标取向，对于形成正确思路、采取有力举措、推动建设实践、取得更大成效都具有十分重要的意义。

第一节　增强新时代法治意识

法治意识即法治观念，是人们关于法治的心理、看法、思想、理论等的总称。加强社会主义法治文化建设，必须增强社会主义法治意识，激发全社会厉行法治的积极性和主动性，形成守法光荣、违法可耻的文化氛围，使全体人民成为社会主义法治的忠实崇尚者、自觉遵守者、坚定捍卫者。

增强社会主义法治意识重点在于深入开展法治宣传教育。深入开展法治宣传教育，推动全社会树立法治意识，是加快建设社会主义法治国家的基本前提。一是健全普法宣传教育机制。各级党委和政府要加强对普法工作的领导，宣传、文化、教育部门和人民团体要在普法教育中发挥职能作用。广泛动员全社会力量，宣传普法工作，宣传法律知识，繁荣法治文化，弘扬法治精神，把尊法、学法、守法、用法等情况作为精神文明创建的重要指标，纳入精神文明创建考核评价体系，推进法治宣传教育不断深入。二是健全普法责任机制。建立国家机关"谁执法谁普法"的普法责任机制，落实各部门、各行业及社会各单位的普法责任。建立法官、检察官、行政执法人员、律师等以案释法制度，加大执法、司法过程中的普法力度，使办案过程成为向群众宣传法律的过程。建立媒体公益普法制度，引导媒体积极开展公益法治宣传教育活动。三是加强普法队伍建设。重点抓好司法行政机关普法工作者队伍和各部门、各行业专兼职普法工作者队伍建设，配齐配强工作人员，切实提高能力素质。加强各级普法讲师团建设，充分发挥讲师团在普法工作中的骨干作用。加强普法志愿者队伍建设，鼓励和引导专业法律人士加入志愿者队伍，提高普法志愿者的法律素质和工作水平。

增强社会主义法治意识关键在于完善褒奖机制和惩戒机制。实践经验表明，正确意识的形成，既要坚持扬善，更要坚决惩恶。培育全社会的社会主义法治意识也是这样。一是完善守法诚信褒奖机制。守法诚信是社会公众的基本规范，是社会成员立足于社会的必要条件。守法诚信建设是一个系统工程，既要加强守法诚信教育，又要强化制度约束，形成守法诚信长效机制。完善守法诚信褒奖机制，一方面，要健全公民和组织守法信用信息记录，使每一个公民和组织的信用状况公开透明、可查可核。另一方面，在确定经济社会发展目标和发展规划、出台经济社会重大政策和重大改革措施时，把守法经营、诚实信用作为重要内容，形成有利于弘扬诚信的良好政策导向和利益机制；在市场监管和公共服务过程中，充分应用信用信息和信用产品，对诚实守信者实行优先办理、简化程序等"绿色通道"支持激励政策，在全社会形成遵纪守法、诚实守信的良好氛围。二是完善违法失信行为惩戒机制。强化对违法失信行为的约束和惩戒，是维护宪法和法律权威、树立法治意识的重要途径。完善失信行为约束和惩戒机制，就是要实行失信发布制度，建立严重失信黑名单制度和市场退出机制，建立多部门、跨地区失信联合惩戒机制，加强对涉及食品药品安全、环境保护、安全生产、税收征缴等重点领域违法犯罪行为的专项整治，形成扬善抑恶的制度机制和社会环境，使违法犯罪活动都受到应有制裁和惩罚，努力让人民群众发自内心地敬畏法律、信任法律和遵从法律。

增强社会主义法治意识根本在于加强公民道德建设。法律是成文的道德，道德是内心的法律。推动全社会树立法治意识，必须加强公民道德建设，全面提高公民道德素质，使法治成为人们的道德追求。一是发挥道德在法治建设中的积极作用。把法治建设和道德建设紧密结合起来，把他律与自律紧密结合起来，做到法治与德治相辅相成、相互促进。当前，要通过教育引导、舆论宣传、文化熏陶、实践养成、制度保障等，把道德建设融入法治建设各环节，强化规则意识，倡导契约精神，弘扬公序良俗，用良好的道德风尚引领全体公民自觉守法、维护法律权威。二是发挥法治在解决道德领域突出问题中的作用。着眼于经济社会发展需要和人民群众的愿望要求，把道德领域的一些突出问题纳入法律调整范围，加大执法、司法工作力度，弘扬真善美，制裁假恶丑。深入开展道德领域突出问题专项教育和治理，把加强道德教育和依法解决问题、健全制度保障结合起来，让违法行为不仅受到道德谴责，而且受到法律制裁，引导人们强化道德观念和法治意识，推动形成崇法守信的社会风尚。三是全面提高公民道德素质。公民道德素质在一定程度上影响和制约着国家的法治进程。提高公民道德素质就是要加强社会公德、职业道德、家庭美德、个人品德教育，深入实施公民道德建设工程，加强和改进思想政治工作，深化群众性精神文明创建活动，引导人们自觉履行法定义务、社会责任、家庭责任。广大党员干部要模范践行社会主义核心价值观，树立良好道德风尚，争做社会主义道德的示范者、诚信风尚的引领者、公平正义的维护者。

第二节　弘扬新时代法治精神

法治精神作为法治的精神层面，是人们对法治理想及其价值目标的主观把握，是对法治本质的认识、情感和意志等各种心理要素的有机综合。弘扬社会主义法治精神，必须把社会主义法治理念和现代法治思想内涵真正内化为心理意识、价值追求和行为规范，落实到立法、行政、司法、法律监督、公民行为和党对法治建设领导等各方面和各环节。

弘扬社会主义法治精神就是要坚持法律至上。我国是一个有着两千多年封建历史的国家，虽有过奉法者强则国强、王子犯法与庶民同罪等朴素法治思想，但也存在着权大于法、情大于法、刑不上大夫等封建文化缺憾。邓小平曾一针见血地指出："旧中国留给我们的，封建专制传统比较多，民主法制传统很少。"因此，弘扬社会主义法治精神必须坚持法律至上。法律至上是指法律具有至高无上的地位与权威的法治原则，它是法治最基本的原则。坚持法律至上必须维护法律的权威。任何组织和个人都要以法为价值之要、以法为行为之规、以法为治理之本，遇到问题时多从法律上去找依据、找办法，想想有没有法律规定，法律是怎样规定，法律规定谁来处理，做到自觉守法、遇事找法、解决问题用法。坚持法律至上，必须避免"法不责众"。产生法不责众的原因就在于没有抓早抓小。最早最小的违法违规行为的危害性，不仅在于它会极大地破坏社会秩序和规范的正当性、严肃性、权威性，还在于其所具备的"传染性"更会诱使更多的人模仿。抓早抓小就是把问题遏止在萌芽状态。坚持法律至上必须坚持全民守法。守法是全民的责任，也是全民的福祉。全民守法是化解各类利益冲突的法宝，是政府和公民在良性互动中实现善治的前提。推进依法治国，全民守法是基础。

弘扬社会主义法治精神就是要恪守以人为本。以人为本不是古代君王心中作为统治根基的"以民为本"和"民可载舟亦可覆舟"维护统治的理念，以人为本是现代社会的时代内涵所在。恪守以人为本理念，必须坚持一切以人为出发点和落脚点，以人为目的和尺度。历史上一些为人服务的手段最后变成统治人民的工具，凌驾于人之上，成为人的支配者，对这些现象必须坚决反对。具体地说，把以人为本作为社会主义法治精神的根本宗旨主要体现在三个基本方面：一是确保人民在国家和社会生活中的主体地位，充分尊重和发挥他们在社会主义法治和法治文化建设方面的创造精神和主体智慧；二是以优秀的法治文化支持良法善治，切实地保障人权和公民合法权利的实现；三是以优秀的法治文化滋养整个民族文化，特别是要使公民整体法律素质得以尽快提高，因为法律素质是法治文化在人身上的集中凝结和体现。坚持以人为本，弘扬社会主义法治精神，就是要坚持为人民服务，实现人的全面和科学发展。我们党一贯强调为人民服务，从不抽象地讲为人服务、为人人服务，从来都是把人民的根本利益摆在第一位。随着国内外形势的发展，涉及所有人的事情越来越多，如生态平衡问题、交通问题、战争与和平问题，所以发展问题涉及所有的人，而不仅仅是人民，把人民扩大为人人，采纳社会上已颇为通行的以人为本，同时也坚持以人民为本这个核心。因此，弘扬社会主义法治精神必须始终抓住以人为本这个核心要义。

弘扬社会主义法治精神就是要追求公平正义。儒家先贤把"公"作为大同社会的基本内核，视为"大道之行"的根本表现。唐代《贞观政要》写道："理国要道，在于公平正直。"公平正义是人类的共同向往，也是社会主义法治的价值追求。维护和实现社会公平正义，涉及最广大人民的根本利益，是我们党坚持立党为公、执政为民的必然要求，也是我国社会主义制度的本质内涵。只有切实维护和实现社会公平正义，才能有效协调社会关系，充分调动各方面的积极性、主动性、创造性，最大限度激发社会活力。弘扬社会主义法治精神，必须把公平正义作为根本和灵魂，保证公民在法律面前一律平等，保证人民依法享有广泛的权利和自由。自中国共产党自成立之日起，就把实现和维护社会公平正义作为始终不渝的价值目标，新中国成立以来特别是改革开放以来我国发展取得巨大成就，为实现公平正义提供了物质基础和有利条件。但是，随着我国深刻变革，影响公平正义的各种矛盾和问题日益凸显，人民群众对党和政府维护社会公平正义的要求越来越高，实现和维护社会公平正义仍然任重道远。当前，我们必须逐步建立以权利公平、机会公平、规则公平为主要内容的社会公平法律保障体系，逐步实现全体公民在社会发展的各个方面都享有平等的生存和发展权利；实现机会均等，为每一位社会成员提供创业发展、奉献社会、追求幸福、实现人生价值的同等机会；实现在法律面前人人平等，让每一位社会成员平等地享有权利，平等地履行义务，平等地承担责任，平等地受到保护。

弘扬社会主义法治精神就是要提倡尊重程序。万物有理，四时有序。自然界是这样，人类社会也是这样。我们办事情必须讲程序，越是重要的事情，越是复杂的事情，越是多重矛盾交织的事情，处置的时候越要讲程序、讲章法。正当程序有两个功能：一是有意识地阻隔对法外因素的过多考虑，二是有意识地阻隔对结果的过早把握。一件事情，讲不讲程序，守不守程序，结果往往大相径庭。从法理的角度讲，实体正义与程序正义，是确保法律正义的两大支柱，二者缺一不可。《中共中央关于全面推进依法治国若干重大问题的决定》中，"程序"一词共出现了 29 次。《中共中央关于全面推进依法治国若干重大问题的决定》强调指出，"制度化、规范化、程序化是社会主义民主政治的根本保障"。但是在现实中，一段时间以来，重权限、轻程序的问题，在一些地方、部门和领域依然存在，有的领导干部习惯靠行政力量去推动工作，把法定程序搁置一边，导致一些重大的项目盲目上马、搞成烂尾工程；一些决策违背公共利益，最终导致遗患无穷；一些行为损害、侵犯群众利益，严重影响干群关系等，这些都是有深刻教训的。没有程序的法治，就没有实质的法治；没有程序的公正，就很难保证实体公正和结果公正。弘扬社会主义法治精神就是要尊重程序，充分发挥程序在维护社会公平正义中的重要作用。

弘扬社会主义法治精神就是要强调保障人权。人权是人的尊严和价值的集中体现，是人的需求和幸福的综合反映。人不是为国家与法律而存在的，但国家与法律是为人而存在的。全面地、充分地实现和保障人权，是现代法律的根本目的。我党和我国政府历来高度重视和保障人权，在革命、建设和改革各个历史时期，始终把实现和保障人权作为重要理念，贯彻落实到方方面面。保障人权，首先体现在切实保障人民的宪法、法律权利上。2004 年 3 月 14 日，第十届全国人民代表大会第二次会议通过宪法修正案，首次将"人权"概念引人宪法，明确规定"国家尊重和保障人权"。习近平总书记指出：
"只有保证公民在法律面前一律平等，尊重和保障人权，保证人民依法享有
广泛的权利和自由，宪法才能深入人心，走入人民群众，宪法实施才能真正
成为全体人民的自觉行动。"保障人权，必须广泛地开展以尊重和保护人权
为主题的法治教育，目的就是帮助公民在学习的过程中，建立积极的价值观，
诸如对所有人及其权利、对自然世界、对历史和未来的理解和尊重，通过提
高个人的知识、技能、态度和价值观，引发社会行为的转变，使得社会成员
能够防止冲突和暴力事件的发生，用和平的手段解决冲突，在个人之间、群
体之间、国家和国际层面上创造有利于和平的条件，营造和谐安定的社会环
境，从而让每个人过上幸福的生活。保障人权，必须把尊重和保障人权的原
则贯穿于立法、行政和司法各个环节之中，把人权事业与经济建设、政治建
设、文化建设、社会建设以及生态文明建设结合起来，认真履行国际人权条
约义务，积极开展国际人权交流与合作，在各个领域不断推进人权保障的制
度化和法治化，最终实现以尊重和保障人权为核心价值的法治国家。

第三节　确立新时代法治理念

社会主义法治理念，是体现社会主义法治内在要求的一系列观念、信念、
理想和价值的集合体，是引导和调整社会主义立法、执法、司法、守法和法
律监督的方针和原则。社会主义法治理念既是法治建设的重要指针，也是社
会主义法治的灵魂和精髓。

社会主义法治理念包含五个方面的基本内容。①依法治国是社会主义
法治的核心内容，是党领导人民治理国家的基本方略。依法治国是对中国封
建社会"人治"的彻底决裂和否定，将每个人从压迫和被压迫的上下级身份
关系中解脱出来，在法律这一"慈母"的庇护下平等自由地生活。②执法为
民是社会主义法治的本质要求，是人民当家作主在法治中的必然反映，是我
国法治实践的出发点和落脚点。执法为民既是我党"以人为本"在执法中的
体现，同样也是"民本主义"在我国法治文化中的缩影。执法为民所强调的
落脚点是人民，而不是资本金钱，更不是官僚特权。执法为民要求法律成为
公民手中的政治王牌，用来对抗部分政府及其官员的不合理甚至不合法的要
求。③公平正义是人类社会的共同理想，是社会主义法治的价值追求。社会

主义的公平正义观并不是平均主义，而是与经济发展相适应，并体现在社会生活中人们的一般观念之中。正如恩格斯指出的："公平始终只是当下经济关系在其保守方面或在其革命方面的观念化、神圣化的表现。"社会主义法治文化中的公平正义应当包括规则、权利、结果三个方面的公平。④服务大局是对法治事业在我国社会主义全局中的正确定位，是社会主义法治的重要使命。在西方的法治文化之中，个人权利至上被赋予了无上的地位，但在我国的传统文化中，个人利益要服从于集体利益。中国这种独特的集体观念和大局观念为先的思想融入法治文化之中就成为社会主义法治理念中的服务大局。⑤党的领导是实现社会主义法治的根本保证，是政法部门必须遵守的政治原则。中国共产党领导的多党合作和政治协商制度是我国的基本政治制度，它的特征是：共产党执政，多党派参政议政；共产党领导，多党派合作。我国的政治协商制度既能够保障政策的一贯性，又渗透了当代民主的元素，符合本国的国情，又契合国际潮流。

　　确立社会主义法治理念，是社会主义法治事业当前乃至长远的战略性、根本性任务，是保证我国社会主义法治事业顺利推进和发展的关键性措施。当前，确立社会主义法治理念要从以下几个方面着手：一是健全完善立法。改革开放 40 年来，我国的立法工作取得了举世瞩目的巨大成就，立法质量明显提高，以宪法为核心的中国特色社会主义法律体系基本形成。立法工作为全面落实依法治国基本方略，加快建设社会主义法治国家做出了重要贡献。根据新的形势，党的十八大对我国的立法工作提出了新任务、新要求。社会主义立法工作必须以社会主义法治理念为指导，坚持科学立法、民主立法，坚持法制统一，进一步完善中国特色社会主义法律体系。二是坚持依法行政。依法行政是社会主义法治的关键环节，是法治国家对政府行政活动提出的基本要求。全面推进依法行政，加快建设法治政府，是全面实施依法治国基本方略、加快建设社会主义法治国家的必然要求。负责实施 80% 以上法律法规的行政机关能否严格依法行政，对于社会的有序运行和法律的有效实施起着关键性的作用。要按照社会主义法治理念的要求，坚持依法行政，切实做到合法行政、合理行政、高效便民、权责统一、政务公开。三是严格公正司法。社会主义法治理念来源于实践，又服务于实践。司法工作必须以社会主义法治理念为指导，切实维护司法公正，不断提高司法效率，努力树立司法权威，充分发扬司法民主。四是加强制约监督。实现对权力的有效制约和监督，是我国政治体制改革的重要内容，也是发展社会主义民主政治的内在要求。我们党高度重视完善制约和监督机制，强调要保证人民赋予的权力始终用来为人民谋利益。确立社会主义法治理念，必须充分体现制约和监督的要求。五是自觉诚信守法。自觉守法是实现依法治国的重要保证，也是现代国家治理的重要标志。树立社会主义法治理念，实行依法治国，必须在全社会培养以自律为基础的守法意识，使人们形成发自内心地对宪法和法律的信仰与崇敬，并把法律内化为行为准则，主动遵守宪法和法律，做到自觉诚信守法。

第四节　坚定新时代法治信仰

法学家伯尔曼说过："法律必须被信仰，否则将如同虚设。"法治成功的内在标志，是法律被民众所普遍尊重和信仰，而不是畏惧、忌惮法的强制力，即通过润物细无声的方式，于日常生活之中增强法治的道德底蕴，引导并赢得"人心"。历史经验证明，只有让法治成为一种信仰，才能形成对法律的敬畏，形成自觉守法、遇事找法的公序良俗；也只有让法治成为一种信仰，才能形成法治思维，养成办事依法、解决问题用法、化解矛盾靠法的良好习惯。

坚定社会主义法治信仰要以良法善治来支撑。良法之治，是现代法治社会的基本要义，意味着现代法治从"法制"向"法治"的转变，强调构成优良社会秩序的基础，是法治文化的首要构成要素。所谓良法，是指理性的法律规则，它要求法律应当注重追求社会公平正义、注重个人权利和尊严，在人们的利益保障与正义需求、效率追求与实现公平、自由与秩序直接实现平衡；所谓善治，是指维持良好社会秩序的主体应当依靠理性的法律制度，保障和实现社会民众权益的手段应当是理性的法律制度，理性的制度优位于理性的人，并得到社会的普遍服从，实现社会的治理文化从"善政"到"善治"的根本变革。从根本上来说，良法善治是法治的本质，也是法治精神的基本特征和内在属性。实现良法善治，必须坚持立法先行，发挥立法的引领和推动作用，从立法源头为善治解良法之渴；必须深入推进依法行政，加快法治政府建设，通过权责统一、权威高效的依法行政体制，赋法律以生命力；必须严格执法、公正司法，坚决破除各种"潜规则"，杜绝法外开恩，努力让人民群众在每一个司法案件中感受到公平正义。

坚定社会主义法治信仰要铲除官本位思想土壤。虽然"法大还是权大"是个伪命题，但在许多地方和一些人的观念中却成为干扰法治信仰的大问题。"官本位"思想在我国源远流长，这种历史传统很容易让一些官员更加相信"人治"的力量，不自觉地站在法治的对立面。在一段时间里，民间对我国的法治现状有这样的调侃，"三个基本法：领导的看法、领导的想法、领导的说法；三个司法原则：大案讲政治、中案讲影响、小案讲法律；三个法治状况：严格立法、普遍违法、选择性执法"。尤其对于一些权益受到侵害的民众而言，"信法不如信访，信访不如信网"几乎成了超越法律之上的"规则信仰"。因此，培养社会主义法治信仰，必须铲除官本位的思想土壤，坚持从每个领导干部做起，摈弃以言代法、以权压法、贪赃枉法的恶习，以实际行动弘扬法治精神、彰显法治信仰，从而示范和引导广大人民群众发自内心地认同法律、信仰法律，让法治在人民心中生根，在社会运行中生效。

坚定社会主义法治信仰要提升全民守法意识。《决定》专题论述增强全民法治观念、推进法治社会建设，把"全民守法"提升到法治中国奠基石的高度来部署。就现实来看，人民群众对法治的敬畏意识并未真正建立起来，红灯面前一窝蜂的"中国式过马路""走关系"强于"走程序"、拼实力不如"拼干爹"等现象并不少见，这些现象随时都在腐蚀着人们对法治的信仰。培养全民守法意识，一要全方位推进法治教育。将法治教育纳入国民教育体系和精神文明建设，在全社会形成守法光荣、违法可耻的强大社会舆论氛围。二要着力培养公民的规则意识。引导教育社会成员从自己做起、从身边做起、从具体行为习惯做起，把法律作为衡量个人行为的标准，把守规矩作为一种生活习惯和生活态度。三要重点推进基层治理法治化。发挥基层党组织在全面推进依法治国中的战斗堡垒作用，增强基层干部法治观念，提高依法办事能力。

坚定社会主义法治信仰要注重法治实践效应。对法治的信仰需要在科学立法、严格执法、公正司法、全面守法的具体实践中逐渐积累形成。人民群众对法治的信仰不会凭空而来，让人民群众信仰法治，首先要让他们切实感受到法律能够有效地发挥作用，信仰法治能够给他们带来实实在在的好处。习近平总书记强调："我们要通过不懈努力，在全社会牢固树立宪法和法律的权威，让广大人民群众充分相信法律、自觉运用法律，使广大人民群众认识到宪法不仅是全体公民必须遵循的行为规范，而且是保障公民权利的法律武器。"这就要求立法必须真正反映公众的利益和诉求；要求执法机关、司法机关在老百姓需要保护他们合法权益的时候，能够依法办事，为他们主持公道，从而使人们相信，只要是合理合法的诉求，通过法律程序就能得到合理合法的结果。当人们从一个又一个的执法、司法过程中获得实际帮助、感受到公平正义时，法治信仰自然就会在人们心中、在全社会建立起来。

社会公平正义是我们党治国理政的一贯主张和根本追求，也是中国特色社会主义法治体系的核心价值。在社会主义法治建设进程中，我国始终把公平正义作为一切法治实践活动的价值追求。

公平正义是良法的根本属性。法治应包括两重意思：已成立的法律获得普遍的服从，而大家所服从的法律又应本身是制定得良好的法律。良法和守法是法治的两个要点。党的十八届四中全会指出，法律是治国之重器，良法是善治之前提。要制定良法，就要把公正、公平、公开原则贯穿立法全过程，恪守以人为本、立法为民的理念。我国的基本法律体现了公平正义的本质追求。在中国特色社会主义法律体系中，宪法和民法处于十分重要的地位，这两部法律最突出地体现着公平正义价值，也决定着其他法律的公正性。宪法是确定公民权利和实现公民权利的制度安排和根本法，权利是体现和保护公正的最好制度。因此，坚持依法治国首先要坚持依宪治国，坚持依法执政首先要坚持依宪执政。民法是权利法，民法的多种制度都是围绕权利而建立的，而在现代社会权利是公平正义的根本体现。我国的立法体制及其改革追求公平正义。在立法上，以往行政部门立法较多，但行政部门总是过多考虑自己的权利，回避自己的义务，这是不公平的，所以必须对其进行改革，明确立法权利边界，健全有立法权的人大主导立法工作的体制机制，这样的立法体制将有利于体现公正价值的良法制定。

公平正义是依法行政的根本目标。权力的设立本来是为了保护公民权利和公平正义的，但权力一旦形成最容易变异为损害权利和公平正义的力量，因此，必须把权力关进制度的笼子里。一方面，要用法治限制权力，防止其损害权利和公正；另一方面，要让权力保护权利和公正。为此，行政机构、职能、权限、程序、责任必须法定化。行政机关不得法外设定权力，没有法律法规依据不得做出减损公民、法人和其他组织合法权益或者增加其义务的决定，坚持法定职责必须为、无法授权不可为。要保护公平正义，就必须对行政权力进行制约和监督，将制约和监督制度化、体系化，增强监督的合力和实效。制约监督体系由党内监督、人大监督、民主监督、行政监督、司法监督、审计监督、社会监督、舆论监督构成，必须打出对权力有效监督的组合拳。要对政府内部权力集中的行政部门和岗位实行分事行权、分岗设权、分级授权、定期轮岗；建立纠错问责机制，建立责令公开道歉、停职检查、引咎辞职、罢免等问责方式和程序；以公开促公正，打破行政权力运行的暗箱操作和神秘化，保证权力运行及结果的公平正义。

公平正义是司法的生命线。维护社会公平正义，司法是关键和焦点，是人们密切关注的热点。作为社会公正的最后一道防线，司法公正在公平正义法治价值体系的形成中具有重要作用。以公平正义为核心的法治价值文化观，必须通过公正司法和严格执法，提高司法公信度而逐步培育形成。法治文化的建立要以良法存在为前提，但更要以良法的公正实施来保证。党的十八大报告明确提出，要提高领导干部运用法治思维和法治方式深化改革、推动发展、化解矛盾、维护稳定的能力。党领导人民制定宪法和法律，党必须在宪法和法律范围内活动。任何组织或者个人都不得有超越宪法和法律的特权，绝不允许以言代法、以权压法、徇私枉法。在培育社会主义法治文化的实践中，必须进一步强化法治政府建设和推进司法体制改革，促进以公平正义为核心的法治价值体系的建立和完善。为彻底解决司法公正问题，党的十八届四中全会提出六个方面的举措：一是完善确保依法独立公正行使审判权和检查权制度，二是优化司法权配置，三是推进严格司法，四是保障人民群众参与司法，五是加强人权司法保障，六是加强对司法活动的监督。这些举措的实施，必将有力推动公平正义的法治环境进一步形成。

日本法学家川岛武宜说："大凡市民社会的法秩序没有作为法主体的个人的守法精神是不能维持的。个人不仅是主体，不仅是他人的手段，而且是以自己为目的的。法秩序没有法主体积极自觉地遵守法、维护法的话，法秩序是得不到维持的。"任何法律都需要人来贯彻执行，提高公民的法治素养是落实依法治国基本方略、繁荣社会主义法治文化最重要的基础工作。

强化公民权利意识。民主法治社会，公民的主体性首先表现在法律对公民权利的有效维护上，维护和张扬公民权利是现代法治的首要价值，也是现代公民教育的核心内容。可以说，没有公民权利意识就没有真正的民主，也不可能有现代法治。当前，我国公民的权利意识，从整体上看发展还很不平衡，水平和层次相对较低，与我国民主政治发展、市场经济的完善和依法治国的总目标不相适应。通过对宪法及其他基本法律的宣传教育，使公民了解自己的权利内容和范围，明白公民权利是法律所规定的公民应该享有的权利，也是国家及其法律应该保障的权利，具有重要的历史和现实意义。权利意识包括要求权利、主张权利、维护权利。要求权利指公民自觉地同基于民族、种族、性别等的权利歧视出现的权利分配不平等现象做斗争，同时，对适应社会发展的已取得的既得利益，积极要求获得法律认可；主张权利表现为积极行使权利，包括积极参与政治，体现公民作为主权者的身份，积极参与公共事务，实现普遍的公民自治；维护权利是指坚持同侵犯公民合法权利、践踏法律尊严的现象做斗争。只有公民认识到"为权利而斗争是对自己的义务"的时候，以权利意识为核心的法律情感才会形成。

提高立法质量效益。确立公民对法律的信任和依赖，首要前提是要有良好的法律。当前，中国特色社会主义法律体系已经初步形成，但是立法质量还不高，主要表现为部门主导顽症难消、公众参与实效不足、立法冲突现象突出，一些领域中存在着立法漏洞、立法中的庸法现象，以及立法观念、制度、程序、技术等诸多方面的问题。针对这些问题，一是要做好立法权限划分工作。处理好中央与地方、人大与其常委会、国务院各部委及其直属机构与地方人大及其常委会的立法权限关系，尽量避免立法权限不清楚现象的发生，解决好法律等级效力问题，防止立法冲突。二是要完善立法程序。细化立法程序，使之更具有操作性、民主性和公开性，从程序上保障良法的出台。三是要提高立法技术。立法技术直接影响到立法质量，只有制定的法律切实可行，才能使公民对法律产生信任感，自觉地遵守法律。确保制定的法律切实可行，最重要的就是要坚持从实际出发，突出重点，科学安排立法项目。这就要求在确定立法项目时明确：法必须要能解决问题，但要解决的问题，必须是客观存在的，而不是主观想象的；必须是反复出现的，而不是偶然发生的；必须是普遍的，而不是个别的。

开展普法宣传教育。我国法治实践表明，普法教育对于在全社会树立法律信仰、营造法治氛围、弘扬法治精神，具有极其重要的作用。当前，提高全社会法治素养，必须健全完善各项举措，改进方式方法，推动普法教育向更深发展。一是要将公民法律意识现代化作为普法教育的目标。变单纯的守法教育为公民法律意识的培养，特别是普法教育、宣传媒介等更应把引导和强化公民对国家制度和法律制度的合理性与合法性的认同作为重中之重，进而塑造公民积极的守法精神。二是要不断充实完善普法教育的内容。一方面，进一步重视和加强宪法法律的宣传和普及，使广大群众特别是青年一代知法、懂法，理解我国宪法和法律是人民当家作主、维护人民根本利益的法律保障，理解自己的权利与义务及其统一，增强辨别正确与错误、合法与违法的能力，从而衷心拥护法律，自觉遵守法律。另一方面，积极编写全国统一的普法教材，内容由具体法律规范和条文解读转化为现代法律知识普及，使公民了解现代法治的基本观念和主要内容。三是要逐步提高公民依法维护自身权利的能力。通过普法教育告诉公民，如何依法按程序表达利益诉求，遇到法律问题和发生纠纷应当如何寻求法律保护，如何通过法律途径解决问题。四是要注重发挥新闻媒体舆论导向作用。既宣传正面的执法行为和典型人物以树立和弘扬正风正气，又坚决曝光违法行为以震慑违法犯罪分子，形成全社会打击违法犯罪行为的良好氛围，促使公民积极守法精神深深扎根于人民心中和全社会。

抓好领导干部带头。习近平总书记强调："各级领导干部要提高运用法治思维和法治方式深化改革、推动发展、化解矛盾、维护稳定能力。努力推动形成办事依法、遇事找法、解决问题用法、化解矛盾靠法的良好法治环境，在法治轨道上推动各项工作。"这是落实依法治国方略、加快建设社会主义法治国家对各级领导干部法治素养提出的新要求。提高领导干部法治素养，一方面要加强法治学习，牢固树立法治意识。党的十八届四中全会指出，要"深入开展法治宣传教育"和"坚持把领导干部带头学法、模范守法作为树立法治意识的关键"。开展党委（党组）中心组集体学法活动，广泛学习法律理论知识，学习用法治推进科学发展、解决影响社会和谐稳定的问题。发挥干部培训机构在领导干部法治教育中的主阵地作用，党校、行政学院、干部学院要把宪法、法律作为各类干部培训的必修课，通过开设法治专题课程或举办法治专题培训班，对领导干部进行法律知识轮训。另一方面要加强法治实践，养成依法办事习惯。党的十八届四中全会强调，要"提高党员干部法治思维和依法办事能力"。以深化改革、推动发展、化解矛盾、维护稳定为重点，提高运用法治思维和法治方式能力，把依法办事作为重要职责，做到想问题、做决策、抓落实首先考虑"合法不合法"，把法律制度贯穿领导工作全过程，推动依法从政有效落实。

参考文献

[1] 中国法学会法制文化研究会. 法治文化与廉政建设——反腐败的沉思及对策 [M]. 北京：群众出版社，2016.

[2] 中国法学会法制文化研究会. 法治文化与法治中国 [M]. 北京：群众出版社，2015.

[3] 王运生，易孟林. 中国法治文化概论 [M]. 北京：群众出版社，2015.

[4] 罗先泽，张美萍. 社会主义法治文化建设研究 [M]. 北京：中国政法大学出版社，2016.

[5] 李林，冯军. 依法治国与法治文化建设 [M]. 北京：社会科学文献出版社，2013.

[6] 海峡两岸关系法学研究会. 海峡两岸法学研究（第 5 辑）：法治文化与法治实践 [M]. 北京：九州出版社，2015.

[7] 王建芹. 法治的语境——西方法文明的内生机制与文化传承 [M]. 北京：中国政法大学出版社，2017.

[8] 王光秀. 中国特色社会主义文化建设研究 [M]. 北京：人民日报出版社，2017.

[9] 高鸿钧. 中国比较法学：比较法治文化 [M]. 北京：中国政法大学出版社，2016.

[10] 中华文化学院. 中华文化与法治国家建设 [M]. 北京：学习出版社，2016.

[11] 李喻青. 法治社会理论与实践探索 [M]. 上海：上海人民出版社，2016.